金融と経済

理論・思想・現代的課題

佐藤　猛　　山倉和紀

［編著］

東京　白桃書房　神田

序　文

　宅和公志教授は昨年（2016年）ご壮健のうちに古稀の賀寿を迎えられ，本年3月をもって日本大学をめでたく定年退職された。本書『金融と経済』は，これを記念して，日本大学商学部ファイナンス・コースのスタッフや指導を受けた門下生等により先生への深い感謝の念をこめて企画されたものである。

　執筆者の多くが所属する日本大学商学部は経済やビジネスを専門領域とする多数のスタッフを擁しているが，学部の特性上フィールドワークやケーススタディを重視する研究者が少なくない。そうしたなかにあって，先生はフィールドワーカーではなく，いわゆるアームチェア・スカラーとして自宅や研究室で本や論文を読んで原稿を執筆するというスタイルを貫いてこられた。しかしそれは，現実や実証を軽視されたのではなく，むしろ現実を的確に把握するための理論研究・学説研究を重視されていたからである。日頃より先生は，資本主義経済のもつ世界的性格に言及され，商品・資本・労働力の移動が近代国家・国民経済の枠組みを動揺・解体させるほどのダイナミズムをもつと強調されてきた。資本主義経済がこうした性格をもつとすれば，経済現象や金融現象の把握，あるいは資本主義経済それ自体の理解も世界的視野をもってはじめて可能となるものであろう。すなわちそれは，急速なグローバル化のなかで失われゆくものに目を凝らし，一国単位・自国中心の思考様式と態度について自省をつづけることである。しかも現代は，国家と世界経済との関係がかつてないほど相克をはらみ，それを乗り越えるための方策やグランドデザインが強く必要とされる状況にある。しかしそうした時代の要請に対して，知の世界の担い手が，特に理論研究の分野でこれに応えてきただろうか。これが先生の変わらざる問いかけであったように思われる。

　先生の研究業績は多方面にわたっているけれども，最終的にはそのいずれも，世界経済の変貌と資本主義経済の行方を冷徹に見つめるためのものであ

序　文

り，そのための理論研究・学説研究に生涯を捧げられてきたといっても過言ではないであろう。ある時は古典派経済学の検討を通じて。またある時はマルクスやローザ・ルクセンブルクの著作の検討を通じて。そして近年では，ケインズ『一般理論』やロビンソン『資本蓄積論』の徹底したテキスト・クリティークを通じて。つまりそれは，時流に媚びることなく，経済学の伝統に流れる人間の叡智に学びながら現代的課題に向き合うということであり，その重要性を先生ご自身の研究を通じて示してこられた。同時にそれは，先人の知的営為に立ち返ることの大切さを私たち後進に伝えられようとした先生のメッセージでもあったと思う。そのメッセージが本書にどれだけ活かされているかは読者の判断を俟つしかない。とはいえ本書の各執筆者はこうした姿勢で研究を粛々と進められる先生を間近で見ており，その影響の一端は本書にも反映されているはずである。

　さて，本書の構成と内容について簡単にふれておきたい。本書では慣例的に自由テーマとされることが多い記念論集の形式を残しつつも，分析対象やアプローチの違いから3部構成を取っている。各章の詳しい紹介は控えたいが，第1部は，主に経済学史や貨幣論に関する研究を収めており，ヘンリー・ソーントンの金融政策思想を検討した論稿（山倉和紀），F. A. ハイエクの資本理論を考察した論稿（久保田博道），さらに貨幣概念とその進化を論じた英文論稿（S. J. バイスウェイ）を配している。第2部では，証券・保険・協同組織金融の各分野の問題が取り上げられ，近代証券理論の源流を探った論稿（佐藤猛），保険におけるミューチュアル概念を再検討した論稿（岡田太），そしてROSCA（Rotating Savings and Credit Association）と協同組織金融との比較思想研究（長谷川勉）がまとめられている。第3部は，世界経済や海外事情をコンテクストとする現代的課題を扱っている。中国人民元の将来を展望した論稿（王鵬），アメリカのクレジットユニオンの現状と課題を論じた論稿（谷川孝美），さらに現代経済を「世界金融資本主義」と捉え，その行方を展望した論稿（宅和公志）である。

　こうした記念論集に，宅和教授ご自身の論文が含まれていることに違和感を抱く読者もいるかもしれない。これについては，宅和教授がいわゆる記念論集の形式（巻頭の肖像写真や詳細な研究業績リスト等の収載）を望まれな

かったこともあり，研究業績リストに代わるものとして，先生ご自身によってこれまでの研究を回顧してもらいながら，上述の論稿をご執筆いただいたという経緯がある。この論稿に，先生の研究遍歴と現在における研究上の関心が端的に示されているといってよいであろう。

ところで，記念論集として企画されたものとはいえ，一冊の書物として学術的成果を世に問う以上，編者および各執筆者には，本書に対する批判に耳を傾け，研究を一層進展させていく責任と義務がある。もとより本書全体の統一性には難点があるし，その考察の掘り下げにも精粗の差がある。さらに各章の論稿に対しても次のような批判がありうるであろう。すなわち，論稿によっては研究動向をふまえた課題設定となっておらず，既存研究の問題点の明確化が不十分であるという批判，あるいは各々の主張や見解を裏付ける十分な実証が足りないという批判もあるかもしれない。いずれにせよ，本書に対する読者のご批判をいただければ幸いである。

出版にあたっては，多くの方々から有益な助言と支援を受けた。なかでも出版事情が困難な折，企画段階から相談に乗っていただき，出版を快くお引き受けいただいた白桃書房社長大矢栄一郎氏に心よりお礼を申し上げる次第である。

最後に，宅和公志先生のご健勝を祈念しつつ，執筆者一同の感謝の気持ちをこめて本書を先生に捧げたい。

2017年春

編者を代表して　山倉　和紀

目 次

序文

第1部　金融経済の理論と思想

第1章　ソーントンの金融政策思想とその変遷問題……山倉　和紀　3

はじめに　3
1. 地金論争期のソーントンの政策論　6
2. 1802 年 4 月と 1804 年 2 月の下院議会討議　9
3. 1804 年 4 月のソーントン『キング評注』　12
4. 1804 年 3～6 月のアイルランド通貨委員会　18
5. ソーントンの言説の変化――時期と動機に関する若干の推論　22
おわりに　27

第2章　ハイエクにおける実物生産とその現代的意義
　　　　──『資本の純粋理論』から学ぶ──………………久保田　博道　37

はじめに　37
1. 資本とはなにか　38
2. 利子率とはなにか　40
3. 産業構造とその変遷　46
4. 限界効用理論における生産理論　53
5. 生産の時間的構造　58
結びにかえて　62

v

第 3 章　Conceptualizing Money:
　　　　from Commodity Monies to Cryptocurrencies
　　　　……サイモン・ジェイムス・バイスウェイ（Simon James Bytheway）　65

 1. The functionality and theorization of money　66
 2. The origins of money　68
 3. Mitchell-Innes and the credit theory of money　70
 4. Understanding the future of money　73

第 2 部　証券・保険・協同組織金融の理論と思想

第 4 章　19 世紀のパリ証券市場と証券理論
　　　　―ルフェーブル，ルニョーとバシュリエ―……………佐藤　猛　83

 はじめに　83
 1. 19 世紀のパリ証券市場　84
 2. ルフェーブルの経済理論　87
 3. ルニョーの経済理論　91
 4. バシュリエの証券理論　95
 むすび　99

第 5 章　保険におけるミューチュアル……………………岡田　太　105

 はじめに　105
 1. 保険学説におけるミューチュアル　106
 2. 相互主義とミューチュアル　113
 3. 海外のミューチュアル　122
 おわりに　125

第6章　相互金融思想の史的展開と現在
―ROSCAsの集団思想と協同組織金融思想との分水嶺―
……………………………………………………長谷川　勉　133

はじめに　133
1. ROSCAsの型と成立条件　134
2. 日本の無尽講＝ROSCAsの思想　142
3. 協同組織金融とROSCAsの分水嶺　150
おわりに　157

第3部　世界経済の現代的課題

第7章　人民元国際化への道のり……………………王　鵬　163

はじめに　163
1. 人民元国際化の議論　164
2. 人民元国際化の現状　169
3. 人民元国際化をめぐる課題　175
おわりに　178

第8章　アメリカの協同組織金融機関の現状と課題
―クレジットユニオンを中心に―……………………谷川　孝美　183

はじめに　183
1. クレジットユニオンの現状　183
2. アメリカにおけるクレジットユニオンの変遷の概要　188
3. クレジットユニオンにおけるコモンボンド問題　190
4. 世界的な金融経済危機とクレジットユニオン　193
おわりに　198

第 9 章　世界金融資本主義とその行方……………………宅和　公志　203
　　はじめに　203
　　1. 世界金融資本主義——研究の回顧　203
　　2. 世界金融資本主義の現実　207
　　3. 人間の移動の歴史・事例　211
　　4. 世界金融資本主義と国民国家の行方　215
　　結びにかえて　218

第 1 部
金融経済の理論と思想

第 1 章
ソーントンの金融政策思想とその変遷問題

山倉 和紀

はじめに

　ヘンリー・ソーントンの言説は 1802 年から 1811 年の間に変化したという。『紙券信用論』(Thornton 1802) におけるソーントンは 1797 年の正貨支払い停止を支持するとともに，反地金派的な主張を一部含む多様な議論を展開した。しかし，地金論争期 (1810～11 年) に至ると彼は，イングランド銀行に批判的な地金派の陣営に加わり，『地金報告』の起草者の一人として正貨支払い再開の勧告に賛同したのである。現代では「穏健な地金派」 (moderate bullionists) という評価がソーントンに与えられることが多いけれども[1]，1802 年の彼が単純な地金派と理解されなかったのは，正貨支払い停止を支持したからだけではない。彼が 1800 年前後の物価騰貴や不利な為替相場の原因を非貨幣的な事情に求め，イングランド銀行を擁護したからでもある。しかしその一方で，ソーントンは同行が発券の指針とする真正手形原則を明確に批判しており，しかも『紙券信用論』には数量説的な記述も多く含まれている。つまり 1802 年のその著作は，地金派的ともあるいは反地金派的とも読める多面的な性格をもっていたのである[2]。したがってソーントンの思想変遷の問題は，1802 年の著作の理論的整合性や一貫性をどうみるかということにも関連している。

　そのため従来の研究では，一方で『紙券信用論』に与えられるべき学史上の評価が検討されながら，他方では 1802 年以降の彼の思想変遷の問題が取り上げられ，地金論争期にソーントンが「変節」したと見なすことの適否を含め，この問題は繰り返し論じられてきた (Hayek 1939, Hicks 1967, Reisman

1971, Peake 1978, 1982, Beaugrand 1982）。研究が進展するにつれて，ソーントンの，そして1802年の著作の多面的な性格と，同書の各章で展開された所説間の差異が浮き彫りにされてきたが，その背景や事情を仔細に検討したうえで，なお彼の主張を（1802年以降のそれを含め）首尾一貫したものとして捉えようとする論者も少なくない。今世紀に入ってからも，この問題をめぐっていくつかの重要な研究が現れている（Laidler 2000, Murphy 2009, Arnon 2011, Hendrickson 2016）。たとえばヘンドリクソン（Hendrickson 2016）は，ソーントンが一貫して地金派的見解を保持していたことを強調しており[3]，またレイドラー（Laidler 2000）も，ソーントンの見解の変化が政策論レベルのものでありその理論分析には変化がなかったと述べている[4]。さらに近年の先行研究を概観したアーノン（Arnon 2011）は，ソーントンが強調したのは不換の通貨量を裁量的に管理する銀行政策の重要性であり，彼の政策論が変わらなかったことを示唆している[5]。これらの見解は必ずしも同じではないけれども，いずれもソーントンの理論と政策論を区別したうえで，彼の思想変遷の問題を把握しようとしている点に特徴があるといってよいであろう。

　ここで留意すべきは，政策論の特性である。本来的に政策論とは，その時々の経済状況に対応する時論的な性格をもつことが多く，その背後の理論的見解と無関係ではないけれども，現実世界の状況変化に応じて，あるいは分析する側の状況認識の変化に応じて，提案される政策もまた変更されるものである。ソーントンは『紙券信用論』の序文において「本書がある程度まで一般的論説（general treatise）の性質を帯びた」理由に言及しているけれども[6]，ヒックス（Hicks 1967）が言うように「『紙券信用論』は，形式上は理論的な書物ではない」[7]。そこにはいくつかの重要な理論が展開されてはいるが[8]，同書は正貨支払い停止以降の紙券通貨の諸問題を扱った時局論としての性格も有している。とりわけイングランド銀行がとるべき行動に関するソーントンの言及は，実践的な政策論議として展開されている部分も多く，ソーントンの主張を経済時論として読解することは彼を理解するうえで不可欠な作業であるように思われる。またブリテン下院議会での1802年以降の彼の発言は，いずれも当時の政策論議のなかで残されたものだというこ

とにも留意すべきである。

　したがって本稿では，主に『紙券信用論』公刊後のソーントンの政策論に関する主張を跡づけながら，彼の思想変遷（地金論争期の彼の「変節」）の問題に，これまでの研究とは異なる角度から迫ってみたい。それは，1802年と1810～11年のソーントンをただ対置するのではなく，その間に彼が残した議会発言や文書などに注目するという方法で行われる。もちろんこれまでも，この間のソーントンの発言や文書はハイエク（Hayek 1939）が重要な検討を加えて以降しばしば参照されてきた[9]。しかし，それらの多くは断片的な引用にとどまるものであり，ソーントンの言説の展開（特に政策論の流れ）を，時系列に沿って綿密に検証した先行研究があったようには思われない。本稿の目的は，第一に，そうした作業を行いながらソーントンのこの間の政策論がどのような痕跡をとどめているかを辿ることである。第二に，彼の政策論の展開に何らかの変化が確認できるならば，その時期を特定するとともに，変化の理由や動機についても明らかにすることである。

　ところでこの問題に関連して，近年ターナー（Turner 2011）は「〔1804年の〕アイルランド通貨委員会がヘンリー・ソーントンの思想形成に重要な役割を果たした可能性がある」と指摘している[10]。ソーントンと1804年の委員会との関わりは，これまでも繰り返し指摘されてきたが（Hayek 1939, Fetter 1955, 山倉 2012），それが彼の思想的変化に与えた影響を本格的に検討したものはなかったように思われる[11]。確かにハイエクはこの時期のソーントンの文書（手稿）に注目し，きわめて示唆的な検討を行っているけれども，彼はソーントンの見解をアイルランド通貨委員会の報告書（『アイルランド通貨報告』）に重ね合わせることはなかった。その理由は，ハイエクがアイルランド通貨委員会メンバーにヘンリー・パーネルが含まれていたと誤認したため[12]，同報告書の起草者を特定できないと考えたからである[13]。言い換えれば，『アイルランド通貨報告』の起草にソーントンが影響を与えたとする確証が得られなかったからである。しかしその後の研究により，同報告書の理論や政策論の多くがソーントンのそれを反映していることが推定されている[14]。したがって本稿では，ソーントンの1804年の活動ならびに彼の見解を少なからず反映した『アイルランド通貨報告』にも比較的大きな

光が当てられるであろう。

1. 地金論争期のソーントンの政策論

あらかじめ，地金論争期（1810～11 年）のソーントンの政策論上の立場を明らかにしておくことが必要であろう。当時，地金委員会メンバーとしてその報告書（『地金報告』）の起草にも深く関わった彼は，眼前の物価騰貴・金価格上昇・不利な為替相場といった現象が貨幣的要因によるものであると理解し，イングランド銀行の過剰発券を論難する陣営に加わっていた[15]。

しかし，これまでの研究史のなかで，『地金報告』の起草者たち（ホーナー，ハスキッソン，ソーントン）の間に政策論について見解の相違があったことが明らかにされている[16]。しかも地金委員会の勧告（2 年後の正貨支払い再開）はソーントンの本来の主張とは異なるものであったことも知られている。かつて田中（1961）は，『地金報告』には「正貨支払い再開」と「通貨収縮」の2つの政策論が含まれていると指摘したが[17]，そのうちの後者がソーントンの意図するものであった[18]。しかし田中の関心は，当時のソーントンの「正貨支払い再開」に対するスタンスやその微妙な揺れに向けられており，ソーントンの本来の政策論についての検討には消極的である。また正確に言えば，「通貨収縮」は政策上の最終目標ではなく，眼前の難局（各種のインフレ現象）を解決するための中間目標というべきであって，それを実現するために，ソーントンがどのような政策手段を考えていたかが問われるべきであろう。田中は「ソーントンの意図が為替相場に応じて発券高を統制することであった」というシルバリング（Silbering 1924）の見解を紹介するにとどまっているが[19]，これこそがソーントンの政策論であったと解すべきである。田中（1961）が追跡した当時の下院議会の動静には，ソーントンの政策論をこのように解釈できるいくつかの重要な証拠を見いだすことができるため，以下ではそれを手掛かりに，当時のソーントンの政策論を確認しておこう。

まず，その直接的な証拠は，『地金報告』の勧告の立法措置をめぐる論争の端緒となった「ホーナーの決議案」と「ソーントンの2回の議会演説」

(1811年5月6日および14日)である。全16条からなるホーナーの決議案は『地金報告』の勧告内容に沿ったものであり，1811年4月に下院議会に提出され[20]，さらにホーナー自身によって5月6日の下院議会(全院委員会)で読み上げられている[21]。この決議案は『地金報告』と同じく，ホーナー，ハスキッソン，ソーントンの3名によって起草され，このうち第14条だけがソーントンによるものであったという[22]。したがってこの第14条は，ソーントンの見解を強く反映したものであるといってよいであろう。その内容は次のとおりである。

「現金支払い停止の継続中イングランド銀行理事たちは，同行の発券高を調整するために，地金価格だけでなく外国為替の状態にも注意を向ける義務がある。」[23]

これは直接的にはイングランド銀行理事たちの義務を定めたものであるが，これを記した議事録が強調(傍点＝原文イタリック体)しているように，同行理事たちに「為替相場を適正通貨量の基準とする発券調整」の原則に従うよう求めた政策上の指針でもあった。これを含むホーナーの決議案が議会で読まれた当日，ソーントンはローズの演説につづいて壇上に立ったが，その演説には当時最大の争点となった第16条(2年以内での支払い再開)に関する言及がいっさいない代わりに，第14条(上記引用)を支持する発言を確認できるのである[24]。この事実からしても，彼の意図が「為替相場を基準とした発券調整」にあったことは明らかであろう。

ところで，1811年5月のソーントンの議会演説にはこれ以外にも彼の見解の特徴を見いだすことができる。そのなかで注目しておくべきは，前述のもう一方の政策「正貨支払い再開」についての彼の立場である。本来この主張はホーナーのものであったが，従来の研究が指摘してきたように，ソーントンは2年後の正貨支払い再開を積極的には支持しておらず，彼は不本意ながら地金委員会の勧告とホーナーの決議案(第16条)に賛成した[25]。しかし，5月9日に決議案が否決されると，ソーントンは5月14日の演説で銀行制限条例の当初の方針——イングランド銀行に短期間だけ支払い制限を認め，必要に応じて更新するという原則——への復帰を主張したのである[26]。

この発言に注目した田中（1961）によれば，ソーントンは弾力的な支払い再開には好意的であり，最終的に彼のスタンスはホーナーに接近するに至ったというのである[27]。しかしこれは，正貨支払い再開の当面の先送りを主張しているとも解釈できるのであり，またその再開を裁量的に判断できる余地を残すべきとしているのであって，ソーントンが少なくとも兌換を積極的に支持していたことにはならない。むしろアーノン（Arnon 2011）が指摘するように，イングランド銀行理事たちが同行の担うべき裁量的な政策を理解していれば「不換の通貨制度でもやっていける」（feasibility of inconvertibility）というソーントンの信条は変わらなかったというべきである[28]。すでにみたように，彼の本来の意図は「通貨収縮」であり，しかも為替相場に応じて銀行自身の判断で適切に発券調整すべきという彼の主張は，1802年以降，繰り返されてきたものだからである（後述）。したがってアーノンの指摘は，この時点でのソーントンの内在的な見解を合理的に解釈しているように思われる。

　では，どうしてソーントンは不本意ながらも2年後の正貨支払い再開に同意したのだろうか。この問いにはこれまで多くの解答が与えられてきたが[29]，それらに共通しているのは，ソーントンの「イングランド銀行への不信感」であり，それがソーントンを本来の意図とは異なる判断へと導いたというものである。イングランド銀行理事たちはソーントンが明確に批判した真正手形原則を信奉しつづけ，「為替相場に応じた発券調整」の原則を理解しなかった。そのような同行理事たちへの失望が，ソーントンに上記のような行動をとらせたのであった。もちろんこれ以外の何らかの事情が作用した可能性もあるけれども，少なくともここでは，彼の銀行理事たちへの不信感を指摘しておけば十分であろう。

　さて，これまでみてきたように，地金論争期におけるソーントンの政策論上の見解を要約すると次のとおりである。第一に，ソーントンが正貨支払い再開を積極的には支持していなかったこと，第二に，イングランド銀行には過剰発券があるため「通貨収縮」が必要であると認識していたこと，第三に，イングランド銀行は為替相場に応じた発券調整の原則に従うべきとしたこと，第四に，ソーントンにはこの発券原則を理解しないイングランド銀行

理事に対する不信感があったと思われること，これである。このようなソーントンの見解はいつから確認できるのか。次節では，1802年以降の彼の議会発言や文書に遡って追跡する30)。

2. 1802年4月と1804年2月の下院議会討議

(1) 1802年4月の下院議会討議

『紙券信用論』公刊直後の1802年4月，下院議会でアイルランド銀行の制限条例延長が討議された際，ソーントンはイングランドの事情にもふれながらこの問題について発言している。発言自体はきわめて短いものだが，その内容と特徴はおよそ次のようなものであった31)。

第一に，ソーントンによれば，イングランド銀行は発券に抑制的であるため，イングランドの正貨支払い制限は危険を伴うものでなく，しかも同行にはロンドンおよび同国の紙券流通量を統制できる能力がある。つまり，イングランド銀行に対するソーントンのスタンスは『紙券信用論』の延長線上にある。第二に，アイルランド銀行はイングランド銀行のような発券統制力をもっておらず，ダブリンではアイルランド銀行以外の諸銀行（個人銀行）が大量の発券を行い，その結果，同国に不利な為替相場が生じた。したがって，アイルランドの銀行事情に関するソーントンの理解は，イングランドのそれとは対照的である。第三に，ソーントンはアイルランドに不利な為替の程度を対イングランド宛て算定相場（名目相場）よりも大きく見積もっている。彼はアイルランドとイングランド間の為替相場の状況（アイルランドに2〜3パーセント不利）に加え，当時のイングランドと大陸間の為替相場（イングランドに5〜6パーセント不利）にも言及し，アイルランドは7パーセントほど不利な状況であると推定している32)。そして第四に，このようにアイルランドは不利な為替状況におかれているけれども，ソーントンはそれを理由に制限条例の延長法案に反対すべきではないと主張し，さらにアイルランドの銀行家たちに向けて次のような警告を発している。「いまイングランド銀行の支払いは制限されているがそれはいずれ終了すること，また〔その終了時に〕同行が支払い請求に応じうる手段〔正貨〕を提供可能であ

ることを，アイルランドの銀行家たちは知るべきである」と[33]。つまり，イングランド銀行は支払い再開に備えながら節度ある発券を行っており，アイルランドの銀行家たちはそれを模範とすべきとの趣旨である[34]。ここでソーントンは「アイルランドの銀行家たち」(Irish bankers) の語を使用しているが，前述のとおり，彼はダブリンの大量の紙券流通がアイルランド銀行のそれから独立したものとの見解を示しており，おそらくその警告の対象は個人銀行に向けられている。

このように，1802年4月のソーントンの見解は，アイルランドの制限条例それ自体は支持しつつも，イングランドとアイルランドの銀行制度の違いを指摘したうえで，過剰発券を行ったアイルランドの諸銀行（個人銀行）を批判する，というものであった。ここで彼が批判しているのは個人銀行による過剰発券であり，アイルランド銀行のそれには言及していない。しかもアイルランドの諸銀行が模範にすべきとされているのがイングランド銀行であった点は注目に値しよう。そこには，支払制限下（不換）であってもイングランド銀行は適切に発券を管理している，というソーントンの認識が示されているからである。

(2) 1804年2月の下院議会討議

1803年後半以降のアイルランド為替（ロンドンのダブリン宛て為替）の著しい相場上昇は，ブリテン下院議会でもたびたび取り上げられるようになり，1804年2月には下院特別調査委員会（アイルランド通貨委員会）の設置が現実味を帯びはじめた。2月13日の討議では10名の発言者による活発な討議が行われ，ソーントンは6人目の発言者として壇上に立った。そこで彼はおよそ次のような発言を行っている[35]。

第一に，アイルランドに不利な為替相場は同国の過剰な紙券流通が原因であり，それは金貨流通が維持されていたアイルランド北部の為替状況と比較すれば明白であること，第二に，イングランド銀行とアイルランド銀行には相違があり，前者は首都のみならず王国すべての（アイルランドを除く）紙券流通を管理できるが，後者はそうでないこと，すなわちアイルランド銀行券とダブリンの個人銀行券はダブリンや地方で競合的に流通しており，アイ

ルランド銀行が統制できない個人銀行券が大量に流通していること，したがって第三に，アイルランドの個人銀行の発券を制限すべきであり，その方策の一つとしてアイルランドの銀行紙幣をイングランド銀行券と交換可能にすることが望ましいこと，そして第四に，アイルランド銀行の制限条例の延長には反対しないが，この問題が再び議会で検討されるよう，その継続期間は短期に限定すべきこと，これである．

　以上から分かるのは，ここでのソーントンの見解が1802年4月のそれとほぼ同一だということである．制限条例の継続は，短期間限定という条件付きとはいえ，以前同様に支持されており，アイルランドに不利な為替相場をもたらした原因を貨幣的要因（アイルランド銀行が統制できない個人銀行による過剰発券）に求めていることも同様である．

　ただし，1802年4月の発言と異なるのは，ソーントンがこの問題への具体的な是正策に言及している点である．不利な為替を是正するには，紙券減価を引き起こした過剰発券を除去することが必要であり，そのための方策として，アイルランドの諸銀行（Irish banks）にイングランド銀行券での払い戻しを義務づけることが効果的であると述べたのである．この提案は明らかにこの問題をめぐるキングのそれを踏襲している．アイルランド銀行の制限条例延長に関する審議はすでに1803年の上院議会で行われており[36]，上記のソーントン（とほぼ同様の）の提案がキングによって示されていたのである．キングはアイルランド為替が上昇した原因をアイルランド銀行による過剰発行であると断定し，アイルランドの制限条例に「アイルランド銀行は要求があり次第イングランド銀行券で支払うことを義務づける付帯条項」を追加するよう提案していた[37]．キングが意図したのは「減価の程度の少ない」イングランド銀行券の価値の基準をアイルランドにもたらすことであったが，その提案は上院ではまったく賛同を得ることができなかった．上院でのこの論争の直後，キングは自身の主張をパンフレットに纏めて公刊した（King 1803）．後述のとおり，ソーントンは1804年2月13日（下院議会での発言日）から程なくして，このキングのパンフレットの第2版（King 1804）に評注を加えるほど丹念に読み込んでおり，その事実からしても，すでにソーントンが上院でのキングの提案を知っていた可能性は高い．ともか

く，ソートンが 1804 年 2 月の時点でキングの提案（とほぼ同一の方策）を示唆したことは，特に注目されてよいであろう。

ただしここで注意を要すべきは，この時点で，アイルランド銀行に対する評価がソートンとキングでは明らかに異なっていたことである。そのため両者には，提案の対象となっている銀行に相違がある。キングはアイルランド銀行の過剰発券を論難し，同行を対象に「イングランド銀行券での要求払いを義務づける」ことを提案した。それに対してソートンはアイルランド銀行を直接批判しておらず，この時点では個人銀行による過剰発券を問題視していた。ソートンの提案対象が「アイルランドの諸銀行」となっているのは，おそらくこのためである[38]。この規制対象をめぐるソートンの逡巡は『キング評注』（詳細は後述）を参照すればより明らかとなるが[39]，ここでは次のソートンの現状認識を指摘しておけば十分であろう。すなわち，当時ソートンは制限条例の継続を支持していたものの，為替変動の要因を個人銀行の過剰発券であると考えていた可能性が高いこと，その一方で，アイルランド銀行による過剰発券については明確な判断ができておらず，同行に対する批判的な叙述が確認できないこと，これである。

3. 1804 年 4 月のソートン『キング評注』

キングは 1803 年の上院議会において，イングランドとアイルランドの銀行制限条例の延長をめぐって発言しており，同年その内容をパンフレットに纏めている。それが『イングランド銀行とアイルランド銀行の正貨支払い制限に関する考察』（King 1803，以下『考察』初版と略記）である。翌 1804 年にはタイトルを変更した増補版（King 1804，以下『考察』第 2 版と略記）も刊行されているが，その初版のタイトルが示すように，このパンフレットが扱うのはイングランド銀行とアイルランド銀行のそれぞれの制限条例による影響である。ハイエク版『紙券信用論』には，この『考察』第 2 版にソートンが評注を加えた手稿（Thornton 1804，以下『キング評注』と略記）が収載された。ハイエクの推定によれば，この手稿が書かれたのは 1804 年 4 月である[40]。これは 1804 年 2 月 13 日の下院議会でソートンが発言した

直後であり,しかもアイルランド通貨委員会(3月2日に任命)が証人審問を実施している最中ということになる。

　この1804年4月の時点で,ソーントンが「適正通貨量の基準としての為替相場」を明確に述べているのは6か所ある。後述のとおり,それらの記述には,イングランド銀行(あるいはアイルランド銀行)に対する,これまでとは明らかに異なるソーントンの認識も表れている。以下,ソーントンの評注に注目しながら,その政策論の特徴を確認してみよう(当該部分のキングの叙述と対照したものが表1である)。

　第一に,キングが一国の適正通貨量を見いだす実践的な基準が存在しないとした記述に対して,ソーントンは「為替相場の状態」がその基準になるとしている。この基準への言及(あるいはそれに関連する記述)は6か所確認できる(表1(i～vi))。そのなかには,キングがボイドのパンフレット(『ピット氏宛ての手紙』)をめぐる論争に言及した部分も含まれているが(表1(iv))[41],いずれにせよソーントンが執拗にこの主張を繰り返していることがみてとれる。

　第二に,さらに注目すべき点は,ソーントンが,兌換・不換のどちらの場合であっても為替相場を紙幣過不足の基準として参照すべきとしていることである(表1(iii))。当該部分でキングが言及していたのは,不換券を発行する国民的銀行理事たちが判断を誤る可能性についてであったが,ソーントンは,兌換が維持されている場合であっても,銀行理事たちが誤る可能性を指摘している。しかも彼は,たとえ不換の場合であっても,信用ある紙幣が適切に調整されれば,それが兌換券と同じように機能することも示唆している(表1(iv))。つまりソーントンの見解は,明らかに(厳格な)地金派のそれとは異なる。いわゆる地金派は兌換性(制)が金紙の価値を一致させるところまで発券量を適切に収縮させるメカニズムをもつことを強調するけれども,ソーントンの見解はそれを否定するものだからである。

　第三に,ソーントンはイングランド銀行の過剰発券の程度について,それが軽微である可能性を指摘しつつも,同行に対する懸念を表明している(表1(vi))。ソーントンは次のように述べている。「彼ら〔イングランド銀行理事たち〕の過誤は…(略)…紙幣過剰が長期にわたって継続する不利な為替

表1　キング『考察』とソーントン『キング評注』との対照表
（主に適正通貨量の基準としての為替相場に関するもの）

キング『考察』第2版	ソーントン『キング評注』	頁，行 （　）内は 『評注』
（ⅰ）いかなる国においても，公衆の実際の需要を除いては，流通手段の適正量（the due quantity）を確認しうる規則や基準など存在しない。	（ⅰ）為替の状態	p.17, line 20 (p.315)
（ⅱ）もし上記の論拠が十分に見いだされるならば，社会の出来事が必要とする流通手段の先験的な（a priori）割合を見いだす方法など存在しないことになるはずである。すなわちそれは，いかなる規則や基準に帰せられることのない量であり，その本当の量は，実際の需要によってのみ確認しうるものである。	（ⅱ）正確に言えば，為替の状態によって	p.27, line 19 (p.315)
（ⅲ）そうした流通を規制する責務を負わされた人たちは，誠心誠意行っても，つねに過ちを犯す危険がある。能う限りの熟練と誠実さが彼らを大きな過誤から守りうるにすぎない。彼らが完全に正しいなどという場合は，おそらくないであろう。	（ⅲ）彼らの紙幣が正貨に兌換できる場合も，彼らが完全に正しくないことはありうる。為替の状態は等しく〔紙幣の過不足〕基準となるであろうし，〔紙幣を正貨に兌換できる時と兌換できない時の〕どちらの場合でも，彼らはその基準によって判断しなければならない。	p.28, line 17 (p.315)
（ⅳ）地金価格と為替相場の2つの検証に認められた通貨貶質（degraded currency）の証拠は，ボイド氏によって，彼の1800年12月に公刊された『ピット氏宛ての手紙』において，強くかつ見事に主張された。しかし彼は，減価の程度を過度に強調したことで，また銀行紙幣の過剰が引き起こした以上にそれが価格に大きな影響を与えたとしたことで，彼に対する反対者たちを優位にさせたようである。	（ⅳ）ボイド氏は彼のピット氏宛ての手紙のなかで，紙幣を金に兌換できないことがその減価の原因であると主張した。彼はその減価を「他のいかなる原因よりも」パンの高価格を説明できるほど大きなものだと考えたのである。彼は，紙幣の過剰が引き起こした〔価格〕上昇の程度を為替変動によって測定しなかった。彼はそうすべきであったのだが。また彼は，このように紙幣を金に兌換できないことが必ずしも紙幣の減価	p.32, line 22 [fn. line 4] (pp.316-317)

キング『考察』第 2 版	ソーントン『キング評注』	頁, 行 （　）内は 『評注』
	を引き起こすのではなく，それが過剰に紙幣発行させるよう作用する時だけ〔減価を〕引き起こすのだとは考えていないようである。制限され，しかも完全に信用のある不換紙幣は，まるでそれが兌換できるかのように，その価値（price）を維持する可能性がある。	
（v）だが，彼〔ボイド〕の著作は，公衆の注目をこの重要な主題に向けるにあたり有用であったように思われる。その論争では商業界の著名人がボイド氏に反対したにもかかわらず，彼の一般的推論はうやむやにされたままである〔依然として回答されていない〕。反対に，サー・フランシス・ベアリングとソーントン氏の両者は，実践的な規則や制限の基準を少しも述べることができないまま，銀行紙幣の発行をいくらか（some）制限する必要性を承認することで，ボイド氏の主張の完全なる説得力（full force）を認めたのである。	（v）「金が外国に出ていき，総じて為替が不利〔な状態〕を長期間つづける場合」イングランド銀行がその「紙幣」を制限すべきだというのは，ソ〔ーントン〕氏によって主張された実践的原則のひとつである（H. ソ〔ーントン〕氏の著作の 295 頁をみよ〔Thornton 1802, p.295; Thornton 1939, p.259.〕）。	p.33, line 24 [fn. line 11] (p.317)
（vi）したがって，突然の割り引き制限による窮迫から商業を守りながら，通貨の価値をその適切な基準に引き上げるためには大いに慎重を要するし，非常に緩やかに，ほとんど感知できない方法で流通紙券量を減少させる必要があるだろう。この慎重さの必要性は，この主題に対してさらなる遅延なく何らかの対策が講じられるべきという目的に適うものである。現行制度で耐え忍ぶことにより害悪は大いに悪化しそうであ	（vi）しかし，〔イングランド〕銀行は，不利な為替が長期間継続することにより生ずる金請求からは守られるべきではない。／キング卿自身，彼の書物の多くの部分で，イングランド銀行が同行紙幣を制限することで為替の不利を是正できると認めている。そのため，もし同行紙幣の制限が為替を必ず修正するならば，ただ必要なのは，議会がこの制限を確実たらしめるに足る諸政策をとるだけである。〔イングランド〕銀行に	p.126, line 2 (pp.321-322)

キング『考察』第2版	ソーントン『キング評注』	頁，行 （ ）内は 『評注』
り，処方策の適用はいっそう困難となる。現在の制限条例の即時撤廃（*immediate* repeal）を目的とはしないけれども，最終的にそれを中止する時期を決めるための，そして突然の通貨制度の変更から生ずるかもしれない別の混乱を減じたり防いだりする政策を採用するための，主題すべての議会調査は明らかに必要である。	直ちに〔正貨支払い〕開始を強制する以外の諸政策は，たとえ侵入の脅威がどうあれ，間違いなく望ましい制限をもたらすであろう。現時点で（1804年4月）〔イングランド〕銀行が，為替をわが国に有利に変えるために十分といえるほど同行紙幣を制限しなかったかどうかは，実際のところ，疑わしいかもしれない。仮に，いま設置されているアイルランド通貨に関する下院委員会が議会に提出する報告書において，〔アイルランド〕銀行紙幣の縮小には為替を必ず改善させる傾向があると確信する旨を明確な言葉で述べたならば，当該地域から生じ，当然その地域自体に適用されるこの助言（hint）ですら，アイルランド銀行に対してだけではなくイングランド銀行に対しても，望ましい効果のすべてを持つだろう。いやしくもイングランド銀行理事たちが間違っていたならば，彼らは少しであるとはいえ間違っていたのであり，彼らの過誤は，キング卿がきわめて上手く主張した偉大かつ重要な原理，すなわち紙幣過剰が長期にわたって継続する不利な為替の重大かつ根源的な原因であることを，彼らが十分に理解していないという事情から生じたのであった。	

（注）　傍点は原著イタリック体を表し，アンダーライン部はソーントン『キング評注』（Thornton 1804）とキング『考察』（King 1804）の対応部分を表す。また後者については文脈を考慮して前後も訳出してある。〔　〕内は引用者（山倉）が補ったものである。

（出所）　King（1804）および Thornton（1804）より作成。

の重大かつ根源的な原因であることを，彼らが十分に理解していないという事情から生じた」のだと。ソーントンのこのような見解，すなわちイングランド銀行に対するネガティブな評価は，彼の1802年以降の下院議会のそれには確認できないものである。しかもソーントンは，当時任命中だったアイルランド通貨委員会の活動に言及し，同委員会の報告書に「銀行紙幣の縮小には為替を改善させる傾向がある」ことが明記されれば，その助言がアイルランド銀行だけでなくイングランド銀行にも望ましい影響を与えるとまで述べている。後に詳述するが，『アイルランド通貨報告』にはその趣旨の文言が盛り込まれることになった[42]。これらのソーントンの叙述は，この時点での彼のイングランド銀行に対する評価を明確に示しており，しかもそれまでの彼の同行に対する評価とは異なるものである[43]。

　第四に，ソーントンは「為替相場に注視した発券調整」を銀行が従うべき実践的規則であるとし，かねてより彼がそうした見解を保持していた証拠として『紙券信用論』に言及している。これは，次のようなキングからの直接的な批判に応えるためのものであった。キングはこう書いている。「〔ソーントンは適切な発券量の〕実践的な規則や制限の基準を少しも述べることができないまま，銀行紙幣の発行をいくらか (*some*) 制限する必要性を承認している」（表1 (v)）と。この批判に反論するためにソーントンが引用したのは，『紙券信用論』第10章末尾の記述である[44]。それは，イングランド銀行（あるいは国民的銀行の）理事たちが採用すべき政策を論じた部分であり，およそ次のことが主張されている。すなわち銀行理事たちは，過度な発券を抑制しつつも，流通が必要とする額を減少させることのないよう一定範囲内での変動を許容すること，ただし逼迫期の発券については十分な供給増加を認めること，また海外への金流出と長期的な為替下落がつづく場合には発券を収縮させるべきこと，これである。つまり銀行は，状況に応じて裁量的に発券量を管理すべきだが，長期的には上記の発券原則（為替相場に注視した発券調整）に従うべきことが述べられているのである。

　ここでは次のことにも留意すべきである。ハイエクの推測によれば，『紙券信用論』の執筆には1796年から6年間を要し[45]，しかも「同書の配列が全体的には著者の諸思想の発展の順序に従っている」という点である[46]。

そうだとすると，1804年にソーントンが自ら引用したその短い記述（第10章末尾）は，1802年に近い時期に書かれたことになる。この記述を，前節でみた1802～1804年のソーントンの議会発言と比較したとき，さらに地金論争期の彼のそれと比較したとき，ソーントンが主張する政策論の展開は首尾一貫しており，対立点を見いだすことは難しい[47]。

したがってソーントンの言説に変化が確認できるとすれば，それは政策論（政策手段）それ自体ではなく，国民的銀行（イングランド銀行とアイルランド銀行）に対する彼の評価だけである。ソーントンにとって，もはや国民的銀行は発券量を適切に統制しうる信頼に足る存在でなく，彼の意図する政策に従わない存在として，批判の対象となっていたのである。

4. 1804年3～6月のアイルランド通貨委員会

フェター（Fetter 1955）によれば，ソーントンは1804年のアイルランド通貨委員会の活動（証人審問）に主たる責任を負っていたとされ，『アイルランド通貨報告』の理論と政策論にソーントンの見解が反映されていた可能性が高いことも，すでに先行研究によって指摘されている[48]。前節でみたように，ソーントンの政策論は，国民的銀行に裁量的な発券の余地を認めつつも，長期的には為替相場に注視して発券量を調整すべきというものであった。この発券調整の原則は，『アイルランド通貨報告』にも見いだすことができる[49]。ここで問題となるのは，同報告書には為替相場是正のためのユニークな方策が提案されており，それとソーントンの上記の原則はいかなる関係にあると考えるべきか，という点である。しかもアイルランド通貨委員会の任命中に書かれた『キング評注』には，『アイルランド通貨報告』に示された為替是正策の効果をほぼ承認する記述があり，その政策提言もソーントンの見解が反映されていた可能性が高いのである[50]。

詳しくは後述するが，ソーントンが強調した上記の原則は長期的な政策上の指針であり，アイルランド通貨委員会による提案（為替オペレーション）は短期的な政策である。したがって『アイルランド通貨報告』には，ソーントンが政策効果を承認した複数の政策論を見いだすことができる。しかもそ

第1章　ソーントンの金融政策思想とその変遷問題

れらは対立するものではなく，整合的に解釈可能である。以下では，『アイルランド通貨報告』に示された為替是正策と「為替相場を基準とした発券調整」の原則の関係を整理しながら，ソーントンの政策論の展開を繋ぎ合わせてみたい。

　『アイルランド通貨報告』の政策論は複数の政策パッケージからなっており，それらを整理すれば次のとおりである[51]。まず（1）アイルランド銀行は要求があり次第同行券と引き換えにイングランド銀行券を支払うか，あるいはロンドン宛て為替手形を振り出す。これはイングリッシュ・ポンドとアイリッシュ・ポンドの交換を意味し，これによりアイルランド銀行は為替相場を操作できることになる。そして（2）この操作に必要なロンドン・バランスの設置方法（アイルランド政府の借入金の利用など）が提案されている。また（3）個人銀行家や無認可発券業者による発券抑制（法整備）も勧告され，さらに（4）イングランドとアイルランドの両ポンドの同化という抜本的な提案もなされている。これらの提案と『キング評注』の記述を照合すると，（1）と（3）はソーントンの見解を反映している可能性が非常に高く，（2）のロンドン・バランスの必要性についても彼が認識していたことは明らかである[52]。しかし（4）をソーントンが支持した証拠はなく，これを彼の見解とすることは困難であろう[53]。

　さて，以上の『アイルランド通貨報告』に示された諸方策のうち，特に（1）（2）の提案は，為替相場を操作する現実的方法を示したものであり，政策論史上きわめて重要なものであった。ここで注目すべきは，アイルランド通貨委員会がこの画期的な為替オペレーションの効果を一時的あるいは短期的なものだと認識していたことである。報告書の叙述は，上記（1）（2）の提案につづけて，この政策による為替安定効果を一時的なものにしないためには，過剰発行を阻止して紙券減価を除去することが必要だと強調している[54]。そこでは，過剰発券を防ぐアイルランド銀行の義務と方法が述べられており，「為替相場を基準とした発券調整」の原則が同行理事たちに向けて主張されているのである。当該部分のアイルランド銀行に対する叙述は，『アイルランド通貨報告』全体の筆致とはやや異なる印象を与えており，しかもその記述は，事前に『キング評注』で暗示されていたものであるため，

19

以下これについて詳述しよう。
　アイルランド通貨委員会の見解は，当時の有力な地金派的パンフレッティア（King 1803, 1804, Parnell 1804）と同じくアイルランドに不利な為替相場の原因を銀行券の過剰発行に求めるというものであった。ただし同委員会は，アイルランドとイングランドでは国民的銀行の個人銀行への統制力が異なり，アイルランド銀行は個人銀行による発券を管理できず，同国の過剰発券はアイルランド銀行と個人銀行の両方の問題と考えていた。そのため『アイルランド通貨報告』は，地金派的パンフレッティアたちとは異なり，アイルランド銀行理事たちへの明確な批判を回避している[55]。ただし例外的に1か所だけ銀行理事たちの行動原則と責務について厳しい叙述が残されている。それが，上記（1）（2）による為替是正策を提案した直後の次の叙述である。

　「本委員会は次の所見を明確に宣言する。すなわちアイルランド銀行理事たちは，支払制限継続中に為替が不利な時に，制限が存在しなかった場合に彼らがなしたであろうところの，またきっとなしたはずのものとまったく同様の原則にもとづいて同行の発券制限を課す義務があり，また〔それが〕理事たちの欠くべからざる職責であること，そして彼らがそれを怠るならば，高い為替や為替変動から生ずる諸弊害の責任は彼らにある。」[56]

　ここで委員会が述べている原則とは「為替相場を基準に発券量を調整する」ことを意味する。為替が不利な場合には発券量を収縮させて為替を是正すること，これが銀行理事たちの責務であると明確に述べられているのである。前述のとおり，報告書のアイルランド銀行に対するスタンスはおよそ穏当なものであり，同行理事たちを直接的に批判することはなかった。だが唯一，上の引用部分だけが『キング評注』にみられるソーントンのスタンスと一致する。この発券調整の原則がソーントンの一貫した主張であったとすれば，同報告書のこの叙述は彼の見解を反映するものであった可能性がある。しかもこれは，ハイエクも指摘したように，当時アイルランドの通貨・為替問題に向き合っていたソーントンがアイルランド銀行とイングランド銀行を重ね合わせながら，後者への助言をも間接的に与えようとしていた部分に相当する[57]。報告書のその叙述が同年4月のソーントンの見解（表1（vi））

を想起させるものであることは,『キング評注』の次の記述をみれば明らかとなる。

「仮に,いま設置されているアイルランド通貨に関する下院委員会が議会に提出する報告書において,〔アイルランド〕銀行紙幣の縮小には為替を必ず改善させる傾向があると確信する旨を明確な言葉で述べたならば,当該地域から生じ,当然その地域自体に適用されるこの助言(hint)ですら,アイルランド銀行に対してだけでなくイングランド銀行に対しても,望ましい効果のすべてを持つだろう。」58)

報告書のこの記述が,ハイエクの言うように「イングランド銀行に助言することを意図した」ものであったかを検証する資料は残されていない59)。あるいはこの記述が,イングランド銀行に対してどの程度積極的な意味をもちえたのかも不明ではある。しかし,ソーントンが『キング評注』で書き記したコメントに対応する叙述が,間違いなく『アイルランド通貨報告』には存在する。論じられた内容だけでなくその明確な表現も,『キング評注』が暗示したものと整合的である。しかも当該部分は,報告書全体のアイルランド銀行に対する穏当な論調とも際立って対照的であり,それが『キング評注』におけるソーントンの主張に呼応する部分であることを印象づけている。

さて,本節の考察を要約しておこう。『アイルランド通貨報告』では,短期的な観点からユニークな為替是正策が提案され,同時に長期的には紙券減価を除去することが不可欠であることも主張されていた。長期的には為替相場に注視しながら発券を調整することが,銀行理事たちの指針とすべき原則とされたのである。したがって,この原則はアイルランド通貨委員会の為替是正策と互いに補い合いながら,それと矛盾することなく示されていたことになる60)。しかも『キング評注』におけるソーントンの予告通りだったとすれば,この原則を守るよう警告されたのは,アイルランド銀行だけでなくイングランド銀行の理事たちでもあった。このように,ソーントンの政策論の特徴と国民的銀行理事たちに対する『キング評注』のスタンスは,同報告書にも読みとることが可能である。

第 1 部　金融経済の理論と思想

5. ソーントンの言説の変化——時期と動機に関する若干の推論

　これまでみてきたように，少なくとも『紙券信用論』公刊後，ソーントンの政策論——為替相場を基準とした発券調整——に注目すべき変更は確認できない。したがってソーントンの言説が変化したのは，政策論それ自体ではなく，彼自身の国民的銀行に対する評価であったように思われる。このような理解は，いくつかの先行研究のそれとも合致する[61]。ところで，ソーントンの国民的銀行に対する評価は，(1) いつ変化し，(2) その変化にはどのような理由や動機があったのだろうか。後者についてはそれを明らかにしうる直接的な証拠は存在しないが，彼の変化の時期を特定したうえで，その動機の解明に向けた試論的考察を行ってみたい。

(1)　変化の時期の特定

　まず，その時期の特定から。ソーントンは 1802 年の著作において，国民的銀行（イングランド銀行）の理事や出資者たちが同行の信用だけでなく，同国の紙券信用全般の維持にも関心をもち，したがって彼らが発券量を適切に管理することの重要性を知っていると述べていた[62]。こうしたイングランド銀行への肯定的な評価は，すでにみたように下院議会での 1802 年 4 月のソーントンの発言にもみてとれる。その時の彼の批判はアイルランドの個人銀行だけに向けられ，イングランド銀行は模範とすべきモデルとして語られていたからである。この頃すでにソーントンの発言はアイルランドの通貨・為替問題に深く関わるものになっていたけれども，アイルランドの国民的銀行（アイルランド銀行）に対しても，彼はイングランドのそれと等しい性質を保持するものとみていた。そのため，その後の 1804 年 2 月のソーントンの下院議会の発言でも，以前同様に個人銀行による過剰発券だけに批判が向けられていた。その日（2 月 13 日）の議会討議ではアイルランド銀行による過剰発券を問題視する発言が相次ぐなか，いまだソーントンはその国民的銀行に批判的な態度を留保していたのである。

　彼のこうした姿勢に明らかに変化が表れるのは，この議会討議の約 2 か月

後である。彼が1804年4月に書いた『キング評注』には，両国の国民的銀行の理事たちが誤った行動を取りうる可能性が語られている。言い換えれば，国民的銀行による発券管理について，極度に楽観的な態度はすでにソーントンから消滅していたのである。したがって，彼の変化のターニングポイントは，ターナーも示唆したように，アイルランド通貨委員会の調査期間中の数週間であったと推定することに大きな誤りはないであろう[63]。本稿の検証結果もそれを傍証するものである（表2）。

(2) 変化の動機や原因

次に，ソーントンのその変化に作用したものが何であったかである。これを直接明らかにしうる資料がないため，ソーントンの国民的銀行への評価に作用した可能性のある事例にふれながら，若干の推論を行ってみよう。注目したいのは次の2つの事柄である。第一に，ソーントンが周到に準備したとされるアイルランド通貨委員会の証人審問（質問項目）には，真正手形原則の問題点を暗示するものが含まれていたが，それに対する銀行理事たちの回答が彼に与えた影響である。第二に，『アイルランド通貨報告』の勧告に対する銀行理事たちの反応や行動が，ソーントンに与えた影響である。順を追ってみていこう。

第一から。アイルランド通貨委員会の証人審問ではいくつかの質問項目が用意されたが，そのなかに「市場利率を下回る公定歩合で貸し出すアイルランド銀行の信用政策」に関するものがあった[64]。フェター（Fetter 1955）はこの質問項目が用意されたことをソーントンが証人審問に関与した証拠と考えている[65]。なぜなら，この上限利率（公定歩合）があるため真正手形原則にもとづく貸し付けであっても過剰発券が生じうることを，ソーントンは1802年の著作で述べており，フェターはそれをソーントンのユニークな特徴のひとつと見なしていたからであろう。したがってこの質問は，ソーントンの見解が強く反映されたものといってよい。またこの質問は，アイルランド銀行理事（ジャーミフ・ドリア）を含む証人に対して，真正手形原則が過剰発券の防止を保証するものでないことを暗黙裡に伝えるものであった[66]。しかもその審問日（1804年4月17日）は，『キング評注』が書かれた時期

第1部　金融経済の理論と思想

表2　ソーントンの政

	下院議会討議 1802年4月	下院議会討議 1804年2月
制限条例延長（不換） （Ireland）	○	○ (短期間だけ延長)
制限条例延長（不換） （England）	―	―
アイルランド銀行 （BOI）の発券統制力	×	×
イングランド銀行 （BOE）の発券統制力	○	○
不利な為替相場の原因 （Ireland）	過剰発券 （個人銀行）	過剰発券 （個人銀行）
不利な為替相場の原因 （England）	―	―
適正発券量の基準 （Ireland & England）(注3)	―	―
政策論（Ireland）	―	アイルランドの諸銀行（Irish Bankers）は要求があり次第，自行の銀行券と引き換えにBOE券を支払う
政策論（England）	―	―

(注1)　議会報告書については，ソーントンの見解をそのまま反映しているわけではない。
(注2)　ソーントンはホーナーの決議案（2年後の正貨支払い再開）に賛成票を投じたが，
(注3)　ソーントンおよび彼が関与した2つの議会報告書には外国為替相場と同様に適正通
(出所)　*Parliamentary Register*; *Woodfall's Parliament Reports*; *Hansard's Parliamentary*

第1章　ソーントンの金融政策思想とその変遷問題

策論上の見解の変遷

	『キング評注』 1804年4月	『アイルランド通貨報告』 1804年6月(注1)	『地金報告』 1810年6月(注2)	下院議会討議 1811年5月
	○	○	—	—
	○	—	×	○(注2)
	×	×	—	—
	○	○	○	○
	過剰発券 (BOIと個人銀行)	過剰発券 (BOIと個人銀行)	—	—
	過剰発券 (BOE)	—	過剰発券 (BOE)	過剰発券 (BOE)
	外国為替相場	外国為替相場	外国為替相場	外国為替相場
	(1) BOIは，要求があり次第BOI券と引き換えにBOE券を支払うか，あるいはロンドン払い為替手形を振り出す（※アイルランドの個人銀行については留保）	(1) BOIは，要求があり次第BOI券と引き換えにBOE券を支払うか，あるいはロンドン払い為替手形を振り出す (2)長期的には為替相場を基準に発券調整（BOI）	—	—
	為替相場を基準に発券調整（BOE）	—	(1)正貨支払い再開 (2)為替相場を基準に発券調整（BOE）	為替相場を基準に発券調整（BOE）

詳細は本稿第1節および第4節を参照。
それが彼の本意でなかったことについては本稿第1節を参照。
貨量の基準としての地金価格への言及もあるが，単純化のためここでは省略した。
Debates; Thornton (1804); ICEC (1804); Bullion Committee (1810) から筆者作成。

第1部　金融経済の理論と思想

と重なっている[67]。注目すべきは，この質問が暗示する内容をアイルランド銀行理事が理解しえたかである。フェターも指摘したように，それに対する同行理事の回答は「ほとんど意味のない一般論」であった[68]。言い換えれば，その回答は，質問者の意図が理解されていないことを示唆するものであった。

証人審問での直接の質問者は不明だが，少なくともこの質問を準備したと推定されるソーントンの目に，真正手形原則の問題点を理解しえない銀行理事がどのように映ったか。すでにこの頃には，アイルランド通貨委員会はアイルランド銀行の増加した発券量を含む豊富なデータを得ていたはずである。こうした客観的な事実も加わり，国民的銀行理事の回答は，ソーントンの彼らへの評価に，少なくとも好ましい影響を与えるものではなかったはずである。『アイルランド通貨報告』における銀行理事たちへの警告——為替相場に注視した発券調整を怠れば，高い為替の諸弊害は銀行理事たちの責任である旨の記述——は，この一連の質疑が根拠のひとつになったともいえる。

そして第二に，『アイルランド通貨報告』の勧告に対する銀行理事たちの反応や行動が，ソーントンに与えた影響である。報告書の勧告がアイルランド銀行にどのように作用したかは不明瞭であり，これを明らかにする多くの証拠はない。しかし，ホール（Hall 1949）やフェター（Fetter 1955）が注目したように[69]，アイルランド通貨委員会の勧告——アイルランド銀行によるロンドン・バランスを利用した為替オペレーション——は，1804年11〜12月に実現する可能性があった。その頃，アイルランド財務府はブリテンからの借入金の大量送金を必要としていたが，それがきわめて巨額だったため，従来の大蔵送金手形を利用した送金が困難であると思われていた。この時のアイルランド財務府長官はアイルランド通貨委員会委員長を務めたジョン・フォスターであったが，彼はその送金をアイルランド銀行に要請したのである。同行はこの要請を直ちに理事会で検討し，それを拒否するという判断を下した[70]。結果的に，わずか5か月ほど前に提出された『アイルランド通貨報告』の勧告が，事実上見送られたことになる[71]。

このアイルランド銀行の回答を受け，同年12月アイルランド財務府は巨

額の大蔵送金手形を振り出さざるをえなくなったが，それがあまりに巨額だったため二度にわたり募集割れを起こした。財務府は三度目の募集にあたり，その価格を大幅に引き下げ（平価での送金手形の売り出し），さらに大口応募規制まで撤廃した。その結果，ダブリン政庁（財務府）には送金手形を求める者が殺到し，暴動寸前の状況にまで発展したという[72]。この時の混乱は翌年2〜3月の下院議会で取り上げられ，ソーントンも聞くなか，その経緯がフォスターによって説明されたのである[73]。

そこで語られた事実（財務府からの要請をアイルランド銀行が拒否したこと）は，どのようにソーントンに受けとめられたのだろうか。この時の議事録（1805年3月21日）によれば，ソーントンは「〔アイルランド通貨〕委員会の報告書において示された意図（hint）を彼ら〔アイルランド銀行理事たち〕が読みとっていなかったことに驚いた」という[74]。ここで示された意図とは，すでにみたアイルランド通貨委員会の為替是正案であるが，『キング評注』に示唆されているように，それはソーントンも支持した施策であった。しかもその施策は委員会の証人審問でも取り上げられ，何度も国民的銀行理事に問われたものでもあった[75]。その施策が彼らによって見送られたのである。議事録が伝えているのは，ソーントンがその事実を驚きとともに知り，委員会の意図が銀行理事たちに理解されていないという感情を，彼が抱いたという事実である[76]。したがって，自身が深く関与した下院特別委員会の提案が理解されないというソーントンの思いは，彼にとって地金論争期のそれが初めてだったのではない。すでにこの時，彼はそれを経験していたのである。この経験は，ソーントンの国民的銀行へのネガティブな評価を強めることはあっても，弱めることはなかったであろう。

おわりに

地金論争期に地金派の陣営に与したとされるソーントンは，正貨支払い再開を積極的には支持していなかった。いずれの時期においても，ソーントンが支払い再開に執着する姿勢をみせたことはなく，兌換に頼らずとも，銀行は適切かつ裁量的に発券調整すればよい，というのが彼の一貫した立場で

あった。その際，彼が抱いていた政策論は為替相場を適正通貨量の判断基準とする発券調整であり，少なくとも『紙券信用論』（第10章）執筆以降，その主張には変化がみられない。

　その一方で，その政策を担うべき国民的銀行（イングランド銀行およびアイルランド銀行）への彼の評価は，1804年のアイルランド為替論争期以降（正確には1804年4月以降）に変化が表れている。それは，信頼しうるものから信頼できないものへの変化である。同年4月に書かれたとされる『キング評注』には，国民的銀行の理事たちが発券量を誤る可能性が示唆されており，兌換・不換のいずれの場合であっても，銀行は為替相場を基準とした発券調整の原則に従うべきであると繰り返されている。それだけではない。『キング評注』には，当時任命中のアイルランド通貨委員会の報告書にその原則が明確な表現で述べられれば，アイルランド銀行だけでなくイングランド銀行に対しても有益な効果をもつ旨の叙述が残されている。そして実際，それに対応する叙述が『アイルランド通貨報告』には存在するのである[77]。報告書の全体的な論調がアイルランド銀行に比較的穏当だったこともあり，当該部分の力強い筆致はかえって際立ち，それが『キング評注』におけるソーントンの主張に呼応する部分であることを印象づけている。

　ターナー（Turner 2011）が指摘したように，ソーントンのアイルランド通貨委員会への関与が彼の思想形成に影響を与えたのだとすれば[78]，この頃に何があったのか。これを明らかにしうる直接的な証拠はないけれども，本稿で確認されたように，当時ソーントンの眼前には次のような国民的銀行の姿があった。彼が周到に準備したとされるアイルランド通貨委員会の証人審問において，真正手形原則の問題点（過剰発券の可能性）を理解しないアイルランドの国民的銀行理事，さらに『アイルランド通貨報告』提出のわずか5か月後には，委員会の勧告（ロンドン・バランスを利用したアイルランド銀行による為替是正策）を実現する絶好の機会があったにもかかわらず，それをあえて逃した同行理事たちの姿である。ソーントン自身が深く関与した下院特別委員会の意図が国民的銀行の理事たちに伝わらない——こうした感情を，彼は地金委員会に関わる6年前にすでに抱いていたことになる。ソーントンの国民的銀行への評価にネガティブな作用を与えたのは，むろんこれ

だけにとどまるものではないだろう。しかしこれらの出来事は，ソーントンのその評価に小さくない影響を与えたと思われるのである。

注）
1）　地金派と反地金派の定義・分類については Fetter（1965），p.28 を，また厳格な地金派（rigid bullionists）と穏健な地金派（moderate bullionists）の定義・分類については O'Brien（1975），pp.147-153 を参照。
2）　レイドラーは，ソーントンが地金派的分析をしつつもイングランド銀行の政策を擁護したことを理由に，その論争上の立場（地金派ないし反地金派）を分類し難いと述べている（Laidler 2000, p.8）。
3）　Hendrickson（2016），pp.10-14.
4）　Laidler（2000），p.16.
5）　Arnon（2011），pp.99ff.
6）　Thornton 1802, p.v, 訳書，37 頁。
7）　Hicks（1967），p.174, 訳書，240 頁。
8）　Sato（2013），pp.61-62.
9）　近年ではアーノンが 1804 年のソーントンの手稿（『キング評注』）に注目し，本稿の問題意識とは異なるものの，当時の彼の見解を浮き彫りにしている（Arnon 2011, pp.120-122）。
10）　Turner（2011），p.222．〔　〕内は引用者が補ったもの。以下同様。
11）　ライスマンも「1802 年と 1810 年の間でソーントンがアイルランド通貨に関する報告書（1804 年）に影響を受けてその見解を変化させたかもしれない」（Reisman 1971, p.73）と指摘するにとどまっている。またターナーも，先行するハイエク（Hayek 1939）に少なからず依拠しており，彼自身によるこの問題への検討には消極的である。
12）　パーネルはアイルランド通貨委員会メンバーではなく，パンフレッティアとしてアイルランド為替論争に参加し，地金派的な主張を展開した。彼の『所見』（Parnell 1804）は『アイルランド通貨報告』に先行して刊行されているが，そこにはジョン・フォスター（アイルランド通貨委員会委員長）から資料提供を含む便宜が与えられている。パーネルの著作と議会討議や上記委員会との関連については，山倉（2013）を参照。
13）　Hayek（1939），pp.53-54.
14）　Fetter（1965），p.39, 山倉（2012），57-64 頁。さらにフェターは，アイルランド通貨委員会の証人審問（証言録）からそれがソーントンの影響下にあったことを読みとっている。Fetter（1955），p.31 & p.31n.
15）　ソーントンは 1802 年の著作において，1797 年のイングランド銀行の正貨支払い停止を支持するとともに，1800 年前後の物価騰貴や不利な為替相場の原因を主に非貨幣的な要因（不作，支援金などによる支払い差額の逆調）に求め，イングランド銀

行の過剰発券による紙券減価を否定し,同行を擁護した。先述のとおり『紙券信用論』には多様な議論が含まれているが,個々の背景となる経済事情の差異を考慮せず,この点だけをみればソーントンのイングランド銀行に対するスタンスは大きく変化していることになる。

16) Fetter (1953), p.72.
17) 田中 (1961), 178 頁。
18) 田中 (1961), 171, 194 頁。
19) 田中 (1961), 186-187 頁 (同書の注 (23) の部分) および Silbering (1924), p.437n.
20) Hansard, Vol.20, p.2, および田中 (1961), 155 頁。
21) Hansard, Vol.19, p.832,この決議案は,下院議会(全院委員会)で5月9日に最終的に否決されることになった。なおホーナーの通貨論の特徴を明らかにした奥田 (1990) には,彼の議会演説の内容も詳述されている。
22) 田中 (1961), 155 頁。
23) Hansard, Vol.19, p.832, この第14条を含むホーナーの決議案は田中 (1961) にも訳出されているが (120 頁),訳文はそれに従っていない。なお傍点は原文イタリック体を表す。
24) Hansard, Vol.19, p.914.
25) 田中 (1961), 171 頁, Hansard, Vol.20, p.80.
26) Hansard, Vol.20.p.80, Fetter (1953), pp.72-73, 田中 (1961), 171, 197-199 頁。
27) 田中 (1961), 199 頁。
28) Arnon (2011), p.100.
29) これに関する先行研究をいくつか確認しておこう。田中は「ソーントン…は〔兌換〕再開の勧告を疑問としつつも,結局はそれを支持したが,それは,イングランド銀行や政府が『報告』の理論を理解しないこと」によるものであったと述べている (田中 1961,186 頁)。またレイドラーは,「銀行理事たちの真正手形原則〔へ〕の熱狂的信奉を考えれば,1810 年に彼〔ソーントン〕…が銀行に信頼を寄せるなどということはありえなかった」としている (Laidler 2000, pp.16-17)。
30) なお,主に使用する資料は次のとおりである。①アイルランド銀行の支払制限条例の延長に関する 1802 年および 1804 年のブリテン下院議会の議事録,② 1804 年 4 月頃のものと推定されている『キング評注』(ソーントンがキング『考察』第 2 版に書き込んだとされる手稿であり,ハイエク版『紙券信用論』の付録として収載されたもの),そして③ 1804 年 6 月『アイルランド通貨報告』(ICEC 1804)である。なお③は,ソーントンが主たる起草者であったとの直接的証拠はないけれども,その理論分析や政策論が少なくともソーントンのそれを反映していた可能性がきわめて高いことは,すでに指摘したとおりである (前掲の (注 14) を参照)。いずれにしても,『紙券信用論』公刊後から地金論争期以前の資料は少なく,アイルランド為替論争前後にそれらは集中している。
31) The Parliamentary Register; or, History of the Proceedings and Debates of the House of Lords and Commons, Vol.18, p.95 および Woodfall's Parliament Reports (The Parliamentary Register; or, An Impartial Reports of the Debates, by William Woodfall), Vol.2, 1802, p.452

を参照。これらはともにソーントンの同一演説（1802年4月26日）の議事録であるが，速記者が異なるため両議事録の文言は同一ではない。ハイエクが『紙券信用論』の序論で引用しているのは前者である（Hayek 1939, p.52）。
32) ソーントンはイングランドの対大陸為替が不利である理由に言及していないため，彼がアイルランドの紙券減価を2～3パーセントと見積もっているのか，それとも7パーセント程度と見積もっているのかは不明である。
33) *Woodfall's Parliament Reports*, Vol.2, 1802, p.452. なおこのソーントンの発言は，ハイエク（Hayek 1939）が引用した *Parliamentary Register*（Vol.18）には記録されていない。
34) イングランドとアイルランドの銀行制限条例は連動しており，前者が終了した1か月後には，アイルランド総督による再動議がなければ後者も正貨支払いを再開することが定められていた。*Report from the Committee upon expired and expiring laws of the United Kingdom: For the 11（d） Session 1st Parliament of United Kingdom of Great Britain and Ireland, Reported by Henry Alexander Esquire*, 31st March 1802, p.103.
35) *Hansard*, Vol.1, pp.1089-1090.
36) *Cobbett*, Vol.3, pp.1552-1554, pp.1572-1575.
37) *Cobbett*, Vol.3, pp.1552ff.
38) この提案はアイルランドの制限条例の延長を審議する過程で示されたものだが，それを同条例の付帯条項として実現することは不可能であった。イングランドとアイルランドの両制限条例は，それぞれイングランド銀行とアイルランド銀行だけに適用されたものであり，実態はともかく法的には，個人銀行は同条例の対象外だったからである（Fetter 1950, p.242）。そのためソーントンは，「自主協定」によるこの政策の実現に言及したのだと思われる（Thornton 1804, p.319）。
39) この問題を詳細に追跡した山倉（2012），57-61頁を参照。
40) Hayek（1939），p.52.
41) ボイド＝ベアリング論争については，佐藤（2007）に加え，Arnon（2007）およびArnon（2011）のCh.6を参照。なお佐藤（2007）では，ボイドのパンフレット（Boyd 1801）を軸にしながらキングとソーントンの対立点が浮き彫りにされている。
42) ICEC（1804），*Report*, p.19.
43) 『キング評注』のこの一連の叙述はソーントンの見解の変化を示唆しているため，いくつかの先行研究によって注目され，何度も引用されてきたものである（Hayek 1939, p.53, Arnon 2011, p.122, Turner 2011, p.222）。
44) Thornton（1802），p.295, 訳書，290頁。
45) Hayek（1939），p.42.
46) Hayek（1939），p.46.
47) 前述のように，ヘンドリクソン（Hendrickson 2016）はソーントンが一貫して地金派的見解を保持していたことを強調するが，彼がその証拠として引用するのは，『紙券信用論』の主に後半部分（第8～11章，特に第10・11章）である。その執筆期間が長期に及んでいることを考えると，後半部分だけからソーントンの特徴を抽出したヘンドリクソンの解釈は，ソーントンの見解の展開過程（時系列）を考えるうえで一

定の意味をもつように思われる。
48) 前掲の（注 14）を参照。
49) ICEC（1804），*Report*, p.19.
50) この点を検証した山倉（2012）を参照。
51) ICEC（1804），*Report*, pp.15-19. 同報告書の政策手段に注目した山倉（2012）および山倉（2015b）も参照。
52) 詳細は山倉（2012），57-60 頁を参照。
53) 1809 年 4 月の下院議会において，ヘンリー・パーネルは『アイルランド通貨報告』の勧告を検討するよう求め，当時そこで提案されたイングランドとアイルランドの両ポンドの同化を求める動議を提出した（*Hansard*, Vol.14, pp.75-89）。最終的にこの動議は採決されることなく退けられたが（*Hansard*, Vol.14, p.91），フェターによれば，ソーントンはパーネルの動議に反対の立場だったという（Fetter 1955, p.53）。この時のソーントンの発言は短く不明な点が多いが，彼は当時アイルランド通貨委員会が両ポンドの同化案に「先行する施策」（antecedent measure）を考えていたと述べている（*Hansard*, Vol.14, p.90）。フェターは，この先行する施策が (1) (2) の為替是正策であったと推定している（Fetter 1955, p.53n.）。
54) ICEC（1804），*Report*, p.18.
55) 上記の有力なパンフレッティアたちはアイルランド銀行理事たちの私益追求が過剰発券の原因であるとして論難したが，『アイルランド通貨報告』には銀行理事たちに対するそのような批判はない。その背景に，アイルランド銀行と戦時財政に関するいくつかの要因があることを指摘したのが，山倉（2015a）である。
56) ICEC（1804），*Report*, p.19.
57) Hayek（1939），p.53.
58) Thornton（1804），p.321.
59) Hayek（1939），p.53.
60) アイルランド通貨委員会の政策論との理論的整合性について若干述べておこう。『アイルランド通貨報告』で提案された為替オペレーション（本文 (1) の為替是正策）は短期的な効果をもつが，次のような意味で「発券収縮」による紙券減価の除去とも整合的である。たとえばアイルランド銀行券に減価が生じ，その結果アイルランド為替が平価を約 10 パーセント上回った場合（E.£ 100 = I.£ 118），次のようなことが生じるだろう。アイルランド銀行には，①同行券のイングランド銀行券への払い戻し請求が増加するか，②ロンドン宛て為替手形（ロンドンにおいてイングランド銀行券で換金可能）への需要が高まるか，あるいはその両方が生ずる。その結果，減価したアイルランド銀行券は（①②への交換のために）アイルランド銀行に還流することになる。つまりアイルランド通貨委員会の為替是正策 (1) は，銀行券還流による発券抑制効果がある。
61) 地金論争期に，すでにソーントンは国民的銀行（イングランド銀行）に対する信頼を失っており，それが彼の実際的な政策論に変化（支払い再開への同意）をもたらしたとする解釈は多い。たとえば Reisman（1971），p.73, Laidler（2000），pp.16-17, Arnon（2011），p.99 などを参照。

62) Thornton（1802），pp.67-69，訳書，88-89 頁。
63) Turner（2011），p.222. しかしターナーはこのような推定をハイエクに依拠して指摘するにとどまり，ソーントンがこの頃に，どのような理由や動機から国民的銀行に対する評価を変更したのかを検討していない。それを明らかにしうる資料は乏しく，ハイエクやターナーがこの問題の究明に消極的だったのは，おそらくそのためであろう。
64) アイルランド銀行は勅許により（イングランド銀行と同じく）上限利率を5パーセントに制限されていたが，当時アイルランドの一般的な割引率は6パーセントであった。
65) Fetter（1955），p.41.
66) フェターによれば，この質問は複数の証人に対して執拗になされたものの，経済的な分析を引き出すことなく終わったという（Fetter 1955, p.41）。この質問が出された証人（7名）のなかに，J. ドリア（アイルランド銀行理事）が含まれている。
67) ICEC（1804），*Minutes of Evidence*, p.104.
68) フェターによる「ほとんど意味のない一般論」との評は，この質問が出された証人すべてに向けられたものであるが，彼はその具体例として J. ドリアの質疑を引用している（Fetter 1955, p.41）。
69) Hall（1949），p.99, Fetter（1955），p.50.
70) その理由は，要請を受け入れた場合アイルランド銀行は為替相場を管理できる立場となるが，同行理事のなかには為替取引に従事する者も含まれているため，利益相反が起こる可能性があり，公平無私という同行の信用が毀損されることを懸念したためである（*Hansard*, Vol.3, p.260; *Hansard*, Vol.4, p.68）。
71) 財務府の借入金の送金委託の要請は 1805 年にもなされたが，再びアイルランド銀行はそれを拒否したという（Barrow 1975, p.41）。
72) 大蔵送金手形を平価で売却した結果，翌 1805 年 1 月ダブリンのロンドン宛て為替の市場相場は 6 年ぶりにほぼ平価（8 パーセント台）を回復することになった。ICEC（1804），*Appendix to Minutes*，(A.I.), pp.1-14.
73) *Hansard*, Vol.4, pp.68-69.
74) *Hansard*, Vol.4, p.72. フェターはこのソーントンの発言を引用しているが，彼の関心は財務府による大蔵送金手形の振り出しとそれが為替改善に与えた影響に向けられており，それに関する当時の議会討議を紹介するなかでこの発言を付随的に取り上げているだけである（Fetter 1955, pp.50-51）。
75) ICEC（1804），*Minutes of Evidence*, pp.135-136; p.138; p.147.
76) アイルランド通貨委員会の証人として審問されたアイルランド銀行理事は J. ドリアと W. コールヴィルであったが，彼らは同行理事会の主導的なメンバーであった（Barrow 1975, p.40）。
77) 『キング評注』におけるこの「予告」は，これまでいくつかの先行研究によって注目され，引用されてきた部分であるが，それを『アイルランド通貨報告』に照合したものは，管見の限りでは存在しない。
78) Turner（2011），p.222.

参考文献

1. 研究書／論文

Arnon. A. (2007), "The Early Round of the Bullionist Debate 1800-1802: Boyd, Baring and Thornton's Innovative Ideas," *Discussion Paper* No. 07-14, Monaster Center for Economic Research Ben-Gurion University of the Negev.

――― (2011), *Monetary Theory and Policy from Hume and Smiyh to Wicksell: Money, Credit, and the Economy*, Cambridge University Press.

Barrow, G. L. (1975), *The Emergence of the Irish Banking System 1820-1845*, Gill and Macmillan, Dublin.

Beaugrand, P. (1982), "Henry Thornton: a mise au point," *History of Political Economy*, Vol.14, No.1, pp.101-111.

Boyd, W. (1801), *A Letter to the Right Honourable William Pitt, on the Influence of the Stoppage of Issues in Specie at the Bank of England; on the Prices of Provisions, and other Commodities*, J. Wright, London.

Cannan, E. (1919), *The Paper Pound of 1797-1821: A Reprint of the Bullion Report*; with an introd. by Edwin Cannan, P. S. King and Son, London.

Fetter, F. W. (1950), "Legal Tender during the English and Irish Bank Restrictions," *Journal of Political Economy*, Vol.58, No.3, pp.241-253.

――― (1953), "The Bullion Report Re-examined," in T. S. Ashton and R. S. Sayers eds., *Papers in English Monetary History*, Oxford University Press.

――― (1955), *The Irish Pound 1797-1826: A Reprint of the Committee of 1804 of the British House of Commons on the Condition of the Irish Currency, with Selections from the Minutes of Evidence presented to the Committee, and an Introduction by Frank Whitson Fetter*, George Allen and Unwin Ltd., London.

――― (1959), "The Politics of Bullion Report," *Economica*, New Series, Vol. 26, No. 102, pp. 99-120.

――― (1965), *Development of British Monetary Orthodoxy: 1797-1875*, Harvard University Press.

Hall, F. G. (1949), *The Bank of Ireland 1783-1946*, Hodges Figgis, Dublin and B. H. Blackwell, Oxford.

Hayek, F. A. (1939), "Introduction," in Thornton (1939 [1802]), pp.11-63.

Hendrickson, J. R. (2016), "The Bullionist Controversy: Theory and New Evidence," (February 10, 2016), available at SSRN (Social Science Research Network): http://ssrn. com/abstract=2806404

Hicks, J. (1967), *Critical Essays in Monetary Theory*, Oxford University Press. 江沢太一・鬼木甫訳『貨幣理論』東洋経済新報社, 1972 年。

Horner, F. (1803), "Lord King's Thoughts on the Restriction of Payments in Specie at the Banks of England and Ireland, by Lord King," *The Edinburgh Review, or Critical Journal*, July No. 4, Art. XI, (in Vol.2, 4th edition, pp.402-421, 1806).

―――― (1994), *The Horner Papers: Selections from the Letters and Miscellaneous Writings of Francis Horner, M.P. 1795-1817*, Edinburgh University Press.

King, P. (Lord) (1803), *Thoughts on the Restriction of Payments in Specie at the Banks of England and Ireland*, Cadell and Davies, and J. Debrett, London.

―――― (1804), *Thoughts on the Effects of the Bank Restrictions*, Second edition enlarged, including Some Remarks on the Coinage, Cadell and Davies, and J. Debrett, London.

Laidler, D. (2000), "Highlights of the Bullionist Controversy," *Department of Economics Research Reports*, 2000-2, London, ON: Department of Economics, University of Western Ontario.

Macleod, H. D. (1856), *The Theory and Practice of Banking: with the Elementary Principles of Currency, Prices, Credit and Exchanges*, Vol.II, Longman, Brown, Green and Longmans, London.

Murphy, A. E. (2009), *The Genesis of Macroeconomics: New Ideas from Sir William Petty to Henry Thornton*, Oxford University Press.

O'Brien, D. P. (1975), *The Classical Economists*, Oxford University Press.

Parnell, H. (1804), *Observations upon the State of Currency in Ireland, and upon the Course of Exchange between Dublin and London*. [First edition] M. N. Mahon, Dublin.

Peake, C. F. (1978), "Henry Thornton and the Development of Ricardo's Economic Thought," *History of Political Economy*, 10:2, pp.193-212.

―――― (1982), "Henry Thornton: an accurate perspective," *History of Political Economy*, Vol.14, No.1, pp.115-120.

Reisman, D. A. (1971), "Henry Thornton and Classical Monetary Economics," *Oxford Economic Papers*, New Series, Vol.23, No,1.

Sato, Y. (2013), "Old and New Interpretations of Classical Monetary Theory," in Y. Sato and S. Takenaga, eds., *Ricardo on Money and Finance: A Bicentenary Reappraisal*, Routledge.

Silbering, N. J. (1924), "Financial and Monetary Policy of Great Britain during the Napoleonic Wars: II. Ricardo and the Bullion Report,"*The Quarterly Journal of Economics*, Vol.38, No. 3.

Thornton, H. (1802), *An Enquiry into the Nature and Effects of the Paper Credit of Great Britain*. J. Hatchard, London. 渡辺佐平・杉本俊朗訳『紙券信用論』実業之日本社、1948年。

―――― (1804), "Manuscript Notes to Lord King's Thoughts on the Effects of the Bank Restriction," in Thornton (1939 [1802]), Appendix II, pp.311-322.

―――― (1939 [1802]), *An Enquiry into the Nature and Effects of the Paper Credit of Great Britain; together with His Evidence given before the Committees of Secrecy of the two Houses of Parliament in the Bank of England, March and April, 1797, Some Manuscript Notes, and His Speeches on the Bullion Report, May 1811*, edited with an Introduction by F. A. v. Hayek, George Allen and Unwin Ltd.

Turner, J. D. (2011), "Irish Contributions to Nineteenth-century Monetary and Banking Debates," in T. Boylan, R. Prendergast and J. D. Turner, ed., *A History of Irish Economic*

Thought, Routledge, London.
奥田 聡(1990),「フランシス・ホーナーの通貨論」『経済研究』(大阪府立大学)第 35 巻第 3 号。
佐藤有史 (2007),「ボイド=ベアリング論争 (1797 – 1801)」『湘南工科大学紀要』第 41 巻第 1 号。
田中生夫 (1951),「ヘンリー・ソーントンの貨幣理論」『岡山大学法経学会雑誌』第 1 号。
─── (1955),「『アイルランド通貨報告』と『地金報告』」『岡山大学法経学会雑誌』第 15 号。
田中生夫編訳 (1961),『インフレーションの古典理論』未来社(『地金報告』(Bullion Committee 1810) の翻訳を含む)。
山倉和紀 (2012),「ソーントン『キング評注』とアイルランド為替問題」『商学集志』第 82 巻第 2・3 号合併号。
─── (2013),「パーネルとアイルランド為替問題」『商学集志』第 82 巻第 4 号。
─── (2015a),「アイルランド為替論争におけるアイルランド銀行批判の含意」『エール』(アイルランド研究)第 34 号。
─── (2015b),「19 世紀初期の英愛為替関係と為替安定化政策論」『商学集志』第 85 巻第 3 号。
渡辺佐平 (1971),「キング卿の紙券減価論」『経済志林』第 38 巻第 3・4 号(後に同『地金論争・通貨論争の研究』法政大学出版局に再録)。

2. 議会文書
British Parliamentary Papers〔*BPP*〕
Cobbett's Annual Register.
Parliamentary Register.
Woodfall's Parliament Reports
Hansard's Parliamentary Debates〔*First Series*〕
Bullion Committee (1810), *Report, together with the Minutes of Evidence, and Accounts, from the Select Committee on the High Price of Gold Bullion*, Ordered, by the House of Commons, to be printed, 8 Jun 1810.
Irish Currency/Exchange Committee〔ICEC〕(1804), *Report from the Committee on the Circulating Paper, the Specie, and the Current Coin of Ireland, and also, on the Exchange between that Part of the United Kingdom and Great Britain; &c. &c. &c.*, Ordered to be printed 13 Jun. 1804.

＊本章は,平成 28 年度科学研究費補助金(基礎研究(B))「H.ソーントンと古典派貨幣理論:その可能性と現代への影響の総合的研究」課題番号 16H03602(研究分担者)による研究成果の一部である。

第2章

ハイエクにおける実物生産とその現代的意義
―『資本の純粋理論』から学ぶ―

久保田 博道

はじめに

　ハイエクにとって，経済はどのように動いていくのだろうか，経済状況に変化が生じたとき，資本家はどのような行動変化を起こし，最終的にはどのような経路を通じて均衡へと落ち着いてゆくのだろうか。

　ヴィクセル等，ハイエク以前の景気変動論における資本財は，結局のところ流動資本であり，再生産は流動資本を再生産することが前提とされているように思う。ところがハイエクは，資本財市場とその背後にある完成消費財市場とを描こうとする。資本財は消費財を潜在的に支配する（いわゆる買う）ことのできる財と考えられ，資本家的企業家（ハイエクは資本家と企業家とを明確に区別しない）は，常に資本への投資か消費財の消費かの行動を迫られる主体として現れる。ハイエクの論を見てゆくといたる所に資本価値に対して消費財価値でもって測った価値という表現がある。ハイエクは資本財と完成消費財とを明確に分けることで，実物財市場における価値決定を再生産論に組み込むことを試みている。結果，単に生産量増加＝価値量増加という単純な構図は崩れ，資本財生産量が増加したとしても，完成消費財で測った資本財価値は増加するとは限らなくなるのである。

　資本財は，完成消費財を潜在的に支配する財として登場する。ハイエクは，実物側面での価値決定を導入することによって，より複雑さを付け加え，いわゆるモノとカネとの単純な二分法分析の受け入れを困難にした。

　この困難さは，ハイエクの持つ実物財市場が2財モデルであることに起因するが，モデルにおける信用導入についてはここで論じる用意がない。

ここでの課題は，いわゆる実物モデルであるハイエク再生産論（もちろん，単純な静態均衡論ではない）を詳しく見てゆくことで，同じく限界効用理論下でありながら，マクロ経済学の論理とは異なる別の論理（ハイエクはミクロ経済学と呼ぶかもしれない）を描き出すことである。

1. 資本とはなにか

ハイエクの生産過程を考えるとき，その資本概念は重要となる。なぜなら，ハイエクは資本的生産構造において偶発的に生じた変化が，一つの均衡へと向かう道筋を分析しようとするからである。この時，生産構造内部では絶えず変化し組み直されるものが資本であり，それこそが資本が資本として機能するということの意味だからだ。そこで，ハイエクは資本とはどのようなものかを明確にし，それが果たす役割を論述しようとするのである。

ハイエクはその目的のために，従来の資本生産の考え方，同質財で同質財を作るという1財モデルに対して批判を加え，実際問題として資本家的企業家は資本を何のために使うのかという点から考えていく。

ちなみに，ハイエクは，資本を単純な生産設備や生産要素ではなく，より広く非永久的生産要素の全体ストックの名称と規定する。

通常の場合，実物資本は一定の同質量として取り扱われ，結果として資本は物理的に決定可能な数量と見なされている。そして，利子率はその数量の単純な関数と見なされた。資本は経済発展の過程で絶えず増加していき，利子率はその過程で連続的に低下すると考えられている。この点に関して，ハイエクは，この論理では利子率が短期的に変動するという事実は根拠のないもののように扱われ，変動は単に貨幣的要因からくるものと考えられてしまっていると批判する（Hayek 2007, 37／訳10）。

1財モデルでは実物生産理論は，単なる成長論となるに過ぎず，総資本財価値＝総資本財量であり価値を決定するための基準は存在しない。このため，単純に供給増加がそのまま利子率の長期低下につながるような考え方が生まれてしまう。市場需給あるいは市場均衡を基礎に置くとすれば，価値そのものが需給で変化することになり，相対価値に対するより深い分析も生ま

れてくる。そう考えると，資本量の増加，即，利子率低下というのは余りにも短絡的過ぎる。市場需給を前提とした価値決定を考える場合，少なくとも2財以上のモデルでない限り実物経済において価値決定はできないのである。

ハイエクの均衡市場では，最終消費財が資本財に対応する財として考えられているように思える。後に見るが，ハイエクが静態あるいは均衡を論じるとき，資本的企業家は不変の所得を望むと仮定する。所得を一定に維持する手段である資本保有が重要となるのである。つまり，一定価値の所得を常に得るために資本を保有するのである。だから資本とは最終財の価値を支配するあるいは得ることのできる価値財だと言うことになる。

ここでハイエクの資本の定義がどのように出てきたのかをより詳しく見てみよう。

ハイエクは，生産に使われる資源を永久的資源と非永久的資源とに分けて考える。ここでの永久性は，経済主体の支配下にある特定資源が，関係する期間を通じて持続するかどうか，資源が早くなくなったり，消費されたりするかどうかである。この意味で人間の肉体は永久的資源と見なすことができる。永久的資源は物理的に不滅であるというのではなくて，その用益が現在利用されても将来の有用性を失わないと言うことである（Hayek 2007, 72-73／訳 50-51）。

ハイエクはこのように永久資源を説明し，資本を次のように定義している。「従って資本という語自体は——生産資源の特定部分として示すことの必要な限り——ここではただ間接的な仕方で所得を一定水準に永久に維持するに寄与するように使用せられ得る非永久的な資源の総体を指称するものとして用いよう」（Hayek 2007, 75／訳 54）[1]。

ハイエクの資本という語を，従来の資本定義との関係でより具体的に説明すると，「生産された生産手段」だけでなく，自然資源でも「消耗資源」は入り，「総べての生産された生産手段」の中でも，永久に使用できるものは除外し，「富の総ストック」から永久的な用益の源泉となるものを除いたものである。だから，非永久的資源とは，ある一定期間だけ所得を得ることのできる用益を提供する財，または源泉のことであるといえる（Hayek 2007,

77／訳 56-57）[2]。

　ではなぜ資本は重要なのだろうか。それは資本が，「消費を永久に維持し得べき水準以下に減少せずにある永久的資源のその時々の用語からの収益を繰り延べることができる」（Hayek 2007, 79／訳 59）からである。

　そして，なぜ，より長期の資本を多く使う生産が，より多くの収益をもたらすかという問いに対して，長期間に生産が伸びる間に潜在的未使用資源が有効に使えるようになるともいうが，最終的には，長期の投資が生産物を増加させる限り，投資の長期化が選ばれるからであると述べる。つまり，長期化＝収益増加ではなく，市場競争の結果，収益率が高い生産方法がより長い生産期間を必要とする生産方法だったにすぎない（Hayek 2007, 80-81／訳 60-61）。

　結局，ハイエクにとって重要なのは，最終財価値をより多く得る生産方法が，人々に選択されるということであり，資本投資の基準は生産技術ではなく市場における収益にある。そして，この利益こそが人々の行動を動かし，生産構造の中身を変化させていく要因である。

　このように資本の定義を見ても，ハイエクの考える生産過程の根幹には，市場利益あるいは所得があることがわかる。市場による価値決定がかかわることになると，単に生産量増加＝価値量増加となるわけではない。

2. 利子率とはなにか

　『資本の純粋理論』の中でハイエクが取り扱う利子率は，主に実物利子率である（実は貨幣経済における利子率について 4 編において少し言及しているが，ここでは実物経済における利子率についての分析に限定しよう。貨幣的側面への言及は実物における経済の動きをとらえてから考えないと，訳の分からないものになってしまう）。ハイエクは主に実物経済における生産構造の変化を考察することで経済の動きを考えている。それは，貨幣的側面との関係から，経済の変動を見ようとするそれまでの景気変動論とは違い，実物経済内部で動いている経済主体の行動，生産活動から，経済的変動を考えようとするものである。これは，マクロ経済学的な貨幣的経済変動論とは全

く別の視点であり，当時の経済学者にはあまり理解されなかったようである（ワプショット 2012, 145）。ヴィクセルとハイエクは貨幣的立場が大きく違っているが，実物的経済変動論そのものの考え方も大きく異なっている[3]。

　ハイエクは，『資本の純粋理論』の中の注釈においてヴィクセルを好意的に取り上げ，ある意味で先駆者的に扱う箇所が見受けられるが[4]，筆者に言わせると，ハイエクは実物経済変動論という意味では，ヴィクセルなどいわゆるマクロ経済学的な立場から大きく離れている。再生産の考え方や経済構造分析を通じて，ハイエクはミクロ経済学の立場から実物経済変動をとらえようとしたと考えることができる。

　限界効用理論の立場にたって，実物成長論的な立場を超えて，最終財市場での価値形成を視野に入れる。経済主体間の相互作用，そして，その結果としての均衡，およびその過程で生じる生産構造の組み替えを，論じようとしているのである。そして，このような実物経済における相対価値変動分析は，資本1財モデルへの安住を許さず，結果としてモノとカネとの二分法に対する批判を生むことになっている。

　ハイエクの利子率についてさらに詳しく見てみよう。

　ハイエクは利子率を時間との関係，資本の限界生産力との関係で見ている。利子を単純に時間と関連する，生産力と関連するというと，あたかも二つの利子があるように思うかもしれない。しかし，ハイエクにとって両者はさほど矛盾したものではない。なぜなら，先に話したように時間がかかる生産方法が選択されるのは，利益率が高いからに他ならないからだ。つまり，時間と生産力は同一のものではないが，個々の資本家ができるだけ高い収益を目指すという市場競争下では，両者は矛盾しない。ハイエクは個別資本の生産力を限界生産力としてとらえ，それがいったん均衡点に至った段階，つまり，すべての資本が同一の限界生産力となった時点での限界生産効率を，利子率と呼ぶのである。

　ハイエクにとって生産過程とは，取りも直さず時間の介在であり，利子率はそれと密接に関連するものになる。さらに，総量や平均という概念は，経済の動きに直接影響を与えない。経済主体を動かすのは場における個々の価

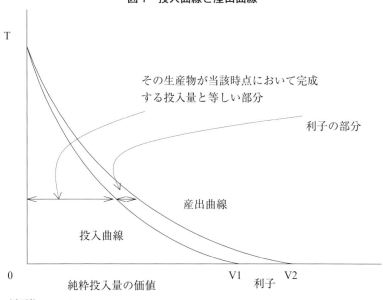

図1 投入曲線と産出曲線

（出所） Hayek, F.A.（2007 [1941]），*The Pure Theory of Capital,* The University of Chicago Press, London. 一谷藤一郎訳『資本の純粋理論』実業之日本社版, 1944, 図3より筆者作成

格や利益率であると考える。これは，生産活動に，多様な経済主体や資本など生産要素が多様に組み合わさって，一つの経済システムを構成するという認識を，ハイエクが持っていることを意味している。そして，経済行動を律する基準が収益の追求であり，結果として均衡が想定できる。

とはいえ，ハイエクは，均衡点そのものに至ることができるとは考えていない。ハイエクの均衡とは，単に経済主体の経済行動に方向性を与えるものにすぎない。なぜなら，経済実態は均衡に至る前に様々な変動が生じてしまい，永久に均衡点には至らないからである。

ここで，時間のともなう資本投入と産出を論じた図1から，生産過程において利子率がどのように取り扱われているのかを見ることにしよう。

ハイエクは，この図1を次のように説明している。

「投入曲線と産出曲線との距離は，縦座標軸に沿って上方に進むに従って

第 2 章　ハイエクにおける実物生産とその現代的意義

絶対的には小となろうが、投入曲線の横座標に比較すれば相対的には大となるであろう」（Hayek 2007, 123 ／訳 109）。

「これは将来に遠ざかるに従って一定単位数の投入量に基づく生産物の完成する率が、一定単位数の産出量の完成する率よりも更に迅速に減少すべきであるという事実を明示するのである」（Hayek 2007, 123 ／訳 109）。

「生産物が何れかの時点に完成する投入量は同一時点に完成する産出量（その投入量に基づく）に比例しないであろう。その理由は生産物の数量はただ投入量に依存するのみならず、また投入量の投下せられし時間にも依存するということにあるのである。特定の投入量に基づく産出量の価値を求むためには、その投入量の価値に投資期間の複利を加えなければならぬ」（Hayek 2007, 121 ／訳 107）。

これらの一連の文章から分かるのは、投資期間と利子の関係と、投資による生産物増加に当たっての逓減についてである。この図によってハイエクは、利子率の存在とその傾向について説明するのである。時間経過によって利子が増加してゆくにつれて、同時に、限界生産力が逓減していくことが説明される。

期間の異なる様々な資本の利子率があるとする。それらは静止状態、あるいは均衡状態になるとき、どの資本利用も同一の利益をもたらす点に収れんされ、それによって変動の起こらない状態になる。

では、異なる期間利用される資本が、同一の利益率を持つとは、どのようなことだろうか。そこで、ハイエクは、異なる期間の投資によって得られる産出の増加率を考えるのである（Hayek 2007, 174 ／訳 167）。

ハイエクは、**図 2** のように、1 から 2 の期間と、2 から 3 の期間の投資によって得られる増加率と、1 から 3 に投資することによって得られる増加率を考える。この場合、1 から 2 の増加と、2 から 3 への増加の合計比率が、1 から 3 の増加率と同じであればよいのかと問い、そうではなく「長期間の増加率が 2 つの短期間の（百分比的）増加率の和に等しからずして、その積に等しかるべきことを均衡が要請することは容易に示され得る」（Hayek 2007, 174 ／訳 167）として、現在ではよく知られている複利についての説明を行っている。

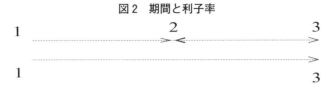

図2 期間と利子率

（出所） Hayek, F. A. (2007[1941]), *The Pure Theory of Capital,* The University of Chicago Press, London. pp. 174-175 一谷藤一郎訳『資本の純粋理論』実業之日本社版, 1944. 167-168 の文章を参考に筆者作成

「我々が完全なる静態従って総べての長さの等しき期間の増加率が同一なるものと想定する限り，この結果が意味していることは，ただ異なれる長さの期間の増加率が周知の複利の法則に一致すべきであるということである」（Hayek 2007, 175 ／訳 168-169）。つまり，ここでの投資による増加率の説明は，多様な限界生産効率を持つ資本財が均衡する条件を示したものである。このような利子率の在り方をハイエクは瞬間利子率（instantaneous rate）と呼ぶ。

瞬間利子率とは，「1 時点における利子率」のことで期間を限界まで短くすることによる限界利子率のことである。ハイエクは，この概念を投資の生産力と利子との関係について，正確な方式化を示すときに有効な概念であると述べている。

ハイエクによれば，これは均等に加速する物体の加速度と相似物であり，一時点の増加率を示す唯一の方法であると考えられている（Hayek 2007, 176 ／訳 169-170）。この結果，生産の増加は複利曲線によって示されることになる。

ハイエクは，利子とは「完成に従い連続的に獲得され，消費される所得の流れ」であると理解すれば間違いに陥る危険が少ないと言い（Hayek 2007, 178 ／訳 172），利子率は一つの比として現れる時間率なので，利子率を求めるためには投資期間に当たる生産物の絶対的増加率を生産物の量を持って除する必要があると述べている。つまり，「生産物の増加率は単位時間あたりの絶対量として表現」（Hayek 2007, 179 ／訳 173）され，「その増加率を増加

第2章　ハイエクにおける実物生産とその現代的意義

している全体量の割合（もしくは百分比）として表現するなら，それは利子率となる」（Hayek 2007, 179／訳 173）のである。

　では，具体的には，投資の限界生産力と時間率との関係を，どのように位置づけるのだろうか。ハイエクは 12 章（不変の産出量の流れの計画）において，「投資期間の延長に基づく生産物の増加率」と呼ぶ量に対して 13 章（複利と瞬間利子率）で数的表現を与えるのに都合のよい手段を提供したと述べているが（Hayek 2007, 180／訳 174），一方でこの量を利子率と同一視することは時期尚早であるとする。

　なぜ時期尚早なのかというと，それは厳密に言えば，「増加率」があらゆる種々の投資に付き均等化する均衡状態についてのみ，その量を利子率と呼ぶことができるからというのである（Hayek 2007, 180／訳 174）。つまり，ハイエクにとって利子率は，全ての利益が均等化した均衡時点において，初めて利子率と呼べるものになるのであり，単に個別資本における実物収益率を，利子率と呼ぶべきではないと考える。だから，ハイエクが，均衡状態を吟味して，特定の投資に基づく増加率について述べるときは，「一つの投資の限界生産力」と表現するのが便宜だと主張する（Hayek 2007, 180／訳 174）。

　「一つの投資の限界生産力」は，「特定の単位投入量の投資期間の延長に基づき，その単位投入量からもたらされる産出量の増加率という特殊な意味をもてる一つの述語として導入せられ，時間率として表示せられているのである」（Hayek 2007, 180／訳 174）。

　次に問題となるのは，このような「一つの投資の限界生産力」がどのようにして「利子率」へと変貌を遂げるかである。ハイエクは，投資が限界生産力の均等化が生じる状態へ至る過程を分析する。その過程は次のようなものである。

　投資期間の延長が有利なのは，期間の延長による生産物の増加が，同じ期間投下される他の投入量から生じる増加と，同じかより有利な場合であり，完成した生産物を，更に短期間投下することによる生産増加と，同じ時点に完成した他の生産物の増加が同じとき，全ての投入量は最も有利に投下されたことになる（Hayek 2007, 182／訳 176-177）。つまり，これがハイエクの

均衡である。均衡点での比例的増加率は，あらゆる他の時点に完成する生産物の増加率に等しくなる。ここに至って初めて「投資の限界生産力」は，「利子率」と呼べるようになるのである。

以上，ハイエクの利子率についてみてきたが，ハイエクは，個別の資本財が多様に存在する経済を考え，それが，一つの均衡へと向かうプロセスを分析することで，経済変動を動的にとらえようとしていることが分かる。利子一つにしても，ハイエクは，資本を一つの大きな集合体概念として，一本の利子率を想定するのではなく，個別投資活動による限界生産の行き着く先として，利子率を考えていることが分かる。

3. 産業構造とその変遷

ハイエクは，均衡状態から予測外の出来事が生じ，資本家が，それまでと同じだけの所得の流れを得られなくなると分かった場合，資本家は，何があっても所得を不変の水準に維持するように行動すると考える。これは，経済において均衡状態が崩れ，新しい条件のもとで均衡を模索する状態になったと考えることができる。もっとも，経済全体を通じて資本家全てが同じ事態に陥ると考える必要はない。ある特定の産業分野に，予期しない需要増加が生じたとか，発明によって供給増加が生じたとか，資本家に予想外の事態が生じたのである。このとき，ハイエクのように，以前と同一の所得を得ようとすると考える必要はない。このような所得減少が予想できれば，資本家は，その対応策を講じると考えるだけである。結果として，もし全ての資本家が過去と同水準の所得を確保できるなら，それは産業構造の内容が全く変化してしまっていたとしても，結局のところ，全体的には何もなかった静態均衡と同じことになる。ハイエクは均衡から均衡への動きを考えようとするための一つの手法として，非静態的均衡（Hayek 2007, 43 ／訳 17）を想定することが，説明しやすいと考えている。もともと，資本投資は，それだけで産業構造を何らかの形で変化させるものである。したがって，全ての最終的状況が同一となったからと言って，産業構造の中身が変化していないと考える必要はない。この点に関して，ハイエクの均衡及び非静態的均衡の考え

は，単純な静態的均衡に比べ，より実態に即したものといえよう。

では，このような状況を前提として，予期せぬ出来事が生じたらどうなるだろうか。ハイエクは，発明の結果を一つの例として考えている。そしてまた，このような発明の結果から来る変化は，他の変動である消費財間の需要推移または生産要素供給の変化にも適用できると考える（Hayek 2007, 288／訳298）。

しばらくハイエクに従って，ある産業分野における発明の結果，旧設備から新設備への置き換わりが生じる状況を考えてみよう。

発明の結果は次の2点を生じさせる。
1. 旧式となる器具に投下される資本の損失可能性
2. 旧式から新式への移行期に予期したよりも高収入をもたらす器具及びストックについての収益の可能性である（Hayek 2007, 288／訳298）。

例えば，新機械が特定設備で生産され，これを設置するのに長い時間が必要と仮定する。するとすでに，この設備を保有する者は，予想できない利潤を得ることができる。しかし，いずれこの利潤はなくなってしまうので，移行期間に同等の利潤を得続けるためには，再投資が必要になるだろう。

発明が設備保有者に及ぼす影響を考える場合，旧設備が他に転用できないものと考える。旧設備の保有者はこれをすぐにスクラップにしないで，これに新たな投資はせず，消耗し尽くすまで使い続けることだろう。これを踏まえて考えてみよう。

新設備の資本費用を C_2　新設備の経営費用を O_2

旧設備の資本費用を C_1　旧設備の経営費用を O_1　とする。

資本費用とは，設備を作るために必要な利子・減価償却費であり，経営費用とは，設備を稼働させるのに必要な費用とする（Hayek 2007, 289-290／訳300）。

では，発明の導入が明らかに有利となる条件はどのようなものだろうか。それは，① $C_2 + O_2 < C_1 + O_1$ であること，② $C_2 + O_2 < O_1$ であることである。①は，新設備への移行が費用削減に有利となることを示しているし，②は，旧設備を稼働させるだけで新設備移行よりも費用がかかることを示している。新しい設備が動き始めたら，競争により，新設備の費用 $C_2 + O_2$ が，

その産業の総収益となるからである。②の状態になれば資本家は即座に新設備への移行を行うだろう。

では，①の場合はどうだろうか。この場合は旧設備はすぐに破棄されるだろうか。むしろ，資本家は旧設備を稼働させながら新設備への投資を行うだろう。この時にこの産業を支える資本家の行動が，他の産業の資本家へどのような影響を与えるだろうか。ハイエクは以下のような3つのケースを考えている。

ケース1　新過程の経営費用が旧過程の経営費用より大きい場合

$C_2 + O_2 < C_1 + O_1$, $O_2 > O_1$, $\dfrac{O_1}{C_1+O_1} < \dfrac{O_2}{C_2+O_2}$ と言う条件では，総収益に占める資本コストの割合が，新設備の方が小さいため，資本節約的となり，そして $O_1 < O_2$ より $C_2 + O_2 - O_1 > C_2$ だから，資本家は旧設備の利用を続けながら，新設備へ移行できる。だから，他の産業から資本を持ってくる必要はない。

これは，以下のように考えることができる。

$$C_1+O_1 > C_2+O_2 \quad O_1 < O_2 \quad \dfrac{O_1}{C_1+O_1} < \dfrac{O_2}{C_2+O_2}$$

$C_1+O_1 > C_2+O_2$ だから，新設備の総費用は旧設備の総費用より安価になる。

さらに，$\dfrac{C_1}{C_1+O_1} + \dfrac{O_1}{C_1+O_1} = \dfrac{C_2}{C_2+O_2} + \dfrac{O_2}{C_2+O_2}$ であるから，

$$\dfrac{O_1}{C_1+O_1} - \dfrac{O_2}{C_2+O_2} = \dfrac{C_2}{C_2+O_2} - \dfrac{C_1}{C_1+O_1}$$ である。

前提により，$\dfrac{O_1}{C_1+O_1} < \dfrac{O_2}{C_2+O_2}$ だから，$\dfrac{C_2}{C_2+O_2} < \dfrac{C_1}{C_1+O_1}$ となる。
したがって，新設備の方が資本節約的となる。
そして，前提より $O_1 < O_2$ だから，$O_1 + C_2 < O_2 + C_2$
これは，$C_2 + O_2 - O_1 > C_2$ だから，旧設備を保有する資本家は，旧設備の使用を続けながら，その利益によって新設備を作ることができる。このことは，資本家が，他の産業から資本を借りてくる必要のないことを意味する。

ケース2　新過程の経営費用は絶対的に小だが，資本費用に比べて大きい場合

$$C_1+O_1>C_2+O_2 \quad O_1\geqq O_2 \quad C_1>C_2 \quad \frac{O_1}{C_1+O_1}\geqq \frac{O_2}{C_2+O_2}$$の場合

これもケース1と同様な手順を使うと，$\frac{C_2}{C_2+O_2}\geqq \frac{C_1}{C_1+O_1}$　$C_2+O_2-O_1\leqq C_2$ となる。これは，新設備利用の方が資本浪費的になると言うことであり，旧設備の収益から新設備建設費用をまかなえないと言うことである。このため，資本家は他から資本を手に入れる必要がある。そこで，他の産業における資本需要に影響を及ぼすことになる。

ケース3　経営費用が新過程において絶対的にも比例的にも小さい場合

$$C_1+O_1>C_2+O_2 \quad C_1>C_2 \quad O_1>O_2 \quad \frac{O_1}{C_1+O_1}>\frac{O_2}{C_2+O_2}$$

この前提を先の手順に当てはめると，$\frac{C_2}{C_2+O_2}>\frac{C_1}{C_1+O_1}$　$C_2+O_2-O_1<C_2$ となる。
この場合も，他の産業から資本を持って来なければ，新しい設備への移転は進まないことになる。

　2のケースや3のケースの場合，ある特定産業で起きた発明が，実際の生産へと向かうとき，他の産業の資本を吸収してゆく。その時，経済全体で資本不足が生じるため，資本を奪われた産業では資本価値が上昇することになる。もっとも，特定分野での発明結果である資本不足が，他の産業に影響を及ぼし，他の産業設備の組み替えを促すかどうかはそのときの状況によるだろう。しかし，このような経路を経て，個別産業間における資本の相対価格変動の影響が市場全体へと広がり，経済全体の構造を変化させてゆくのである。

　ハイエクは，発明のために旧式化した設備が，極めて特殊な場合について，3つに分けて分析している。そして，資本節約的な発明は例外的であり，一定の産出量を生産するために必要な資本の絶対量が減少しても，その

資本と協力するために必要な投入量が，増加すると考えている。ただし，旧設備がより新しい生産方式に対応できる場合もある。

さらに，原料，燃料などのストックのように，経営資本に役立ついわゆる流動資本は，そのまま使えるかもしれない。その場合は，新生産のために旧設備を利用できるため，新たな資本利用は少なくてもすむ。つまり，可動性が高いほど，資本需給に変化を与えずに，新旧設備の交代が円滑に行われるのである。そして，このことは，資本価値と労働価値との相対的価値変化についても関わってくる。資本の可動性が高いほど，相対価格の変動幅は小さくなり，個別資本の価値変化が与える労働価値への影響も小さなものとなると思われるのである。

いずれにしても，「特定の産業に直接影響を与える発明が，そののこりの産業に使用せられ得る資本の供給を増加すべき程度を測定することは困難である」（Hayek 2007, 296／訳 309）。だから，発明で生じることが，生産条件の予測できない変化の例として応用できると，ハイエクは考えている。

このようなハイエクの分析を見ると，ハイエクの考える生産構造や産業構造についての見方がよく分かる。ハイエクは，様々な資本からなる様々な産業が，複雑に絡んで最終的な完成財を作り出すと考える。だから，資本家たちは，将来を予測し，最終消費財価値で測って得たいと思う所得を得ようと投資行動を行う。資本家たちは，様々な資本を投資することによって生産活動を行うが，予測が完全に当たるわけでない。しかし，彼らの得ることのできる所得は，あくまでも最終消費財価値によって測られるものであるため，予測の失敗は，そのまま目標とする所得達成への失敗につながる。そこで，所得の減少が予測された段階で，資本家はその投資行動を変化させ，目標とする所得達成をもくろむことになる。

このことは，ある産業における技術変化であろうと，消費者による突如とした需要変化であろうと，対応を変化させることには変わらないだろう。

このようにして，産業構造内の設備は刷新され，産業間における資本需給も変化するかも分からない。しかし，このような変化も，資本家が目的通りの所得を確保できれば，全体の指標である利子率や資本比率は，変化していないかもしれない。だとすると，これは，均衡であり，ハイエクの言う非静

態的均衡であると呼ぶことができるのである。

　実のところ，このような考えこそ限界効用理論配下にあるという意味でもある。つまり，最終的な結果が分かって初めて価値が分かるのであり，それまでは，価値は常に未定であると言うことである。したがって，限界効用理論あるいは市場均衡理論下では，人々は常に不確定の将来に向かって予測しながら行動をする必要がある。そこには，常に予測できない事態が起こり，それに対する対応が求められる。現在の経済理論において予測やリスクについての分析が広がったが，これこそ，限界効用理論の持つ特性だと思う。この点に関しては，ヴィクセルの生産理論でも同様であった。どの要素が役に立ったかは，結果として分かるのであり，あらかじめ組み込まれたものではないのである。

　話を元に戻そう。上記ケースで見たように，ハイエクは資本節約的な発明が少ないと考え，相対的に労働より資本が希少になる場合があると考える。では，労賃に及ぼす影響をどのように考えるのだろうか。

　ハイエクの結論は，従来主張されてきた理論とは異なり，発明は資本収益を増加させるが，同時に既存の資本設備の収益を減少し破壊するため，単純に資本家の収益〈資本家の所得〉が増加するわけではないという。

　「発明が普通の意味における労働節約的なものであるにしても，発明がただに資本家たちの相対的分け前のみならず，絶対的分け前をも減少せしむべきことのあるのも当然である。而して何れにしても，旧資本財の収益が利子率の増加に伴って増加すると想定すべき理由はほとんどない。従って資本家たちの分け前が利子率の増加に比例して増加するようなことはほとんどないであろう」(Hayek 2007, 298／訳310-311)。

　ちなみに，ハイエクの資本が固定的か可動的か（現在では可塑性とも呼ぶ）の基準は，耐久財か流動資本かの区分ではない。ハイエクはこの点に関して「特定の資本財の最終消費からの距たりを基礎とせるこの種の分類が，資本の可動性の論議においてはなはだ重要なものであることは明らかである」(Hayek 2007, 301／訳315) と主張する。つまり，固定的か可動的かの分類は，最終消費財からの距離に関連すると考えており，資本の耐久性や流動性に関係なく，より最終消費財から離れたつまり生産の川上にあるほど固

定的だと考えている。

　だから,「煉瓦はかかる意味において,煉瓦をもって建てられる家屋よりも更に『固定的』なものと考えられるべきである」(Hayek 2007, 301-302／訳 315) となる。

　また,第3の機械の生産に役立つ第2の機械を作るための,機械の耐久性が2年としても,6年間の耐久性をもつ,直接消費に役立つ機械よりも,固定的と考えることができるとも述べる (Hayek 2007, 302／訳 315)。

　生産構造の予想できない変化に対して,どう適応できるかについてハイエクは,資本財が別の資本財に置き換わるのは,具体的な資本財を作り出す所得の流れを通じてだという。

　「一定の資本構造が予見せられざる変化に対しいかに適応せしめられ得るかという問題に関連して,一定の資本財が消費財に転換せられ得べき速さが,何故それ程重要なるかという理由は,或る具体的資本財を異なれる種類の資本財をもって置き換えし得こるとが,我々の理解したように(12章を見よ) ただその具体的資本財の産出する所得の流れを通じてであるということにある」(Hayek 2007, 302／訳 315)。

　最終消費財からの距離が短ければ短いだけ,新しい所得の流れの影響を受けやすく,その分適応しようとするため,より可動的となるということだろうし,長期間かけて生産を行う産業より,短い期間で最終消費財を生産できる産業の方が,より弾力的な対応が可能であると考えるのだろう。

　ここで,ハイエクの生産に及ぼす予見(foresight)の役割について見ていこう。

　ハイエクは,「今までのところで資本の可動性の程度,資本が変化する世界において維持される程度が,主として企業者たちの差し迫れる諸変化を正確に予見する程度に依存すべきことは恐らく明らかであろう」(Hayek 2007, 305／訳 319) として,資本の可動性に対する,予見の重要性を示唆している。

　さらに,「何れかの時点において社会に資本の提供せらるべき程度が,企業者たちの予見に依存するということはほとんど平凡な事柄に過ぎないのであるけれども,それは確かに普通の推理おいてはほとんど大して注意の払わ

れなかったものである」(Hayek 2007, 305 ／訳 320) と指摘し，「動態的社会において，何れかの時点に使用し得る資本量は，その時々の貯蓄もしくは『時間的選択』よりも，企業者たちによって示される予見の量に遙かに多く依存することを意味しよう」(Hayek 2007, 305 ／訳 320) とするのである。

だからこそ，「比較的短期においてさえ，『資本』は人間の行動と無関係にその数量の与えられる要素で無いという事実の一つの系に過ぎない」(Hayek 2007, 305 ／訳 320) ことになる。

資本家が資本投資を行う場合，必ず将来に対する洞察を行うこと，それなしには決して生産活動が行われることがないこと，資本家の予見が貯蓄の存在より投資活動に影響を与えること等，予見が将来の産業構造を大きく変えていく重要な要因であることを示している。資本家は常に自らの将来の所得の流れを予見し，一定の収益以上を得るために行動するのである。

4. 限界効用理論における生産理論

ここで，ハイエクの生産理論が，ヴィクセルなどの生産理論と，大きく異なる点に関して明確にしておく必要があるだろう。この点に関して，先にヴィクセルの理論は，結局のところ，流動資本からなる１財モデルであり，成長理論であるのに対して，ハイエクのそれは，２財の時間を導入した，市場均衡モデルとして説明している。

この点に関して，少し詳しく論じる必要がある。

市場における需給均衡図は，図 3 のように書けるが，実物経済を前提とすると財供給は A 財でよいとしても A 財の需要はいったい何と交換で発生するものだろうか。通常で考える場合は，縦軸に価値ではなく価格を置くことで処理できる。つまりこの場合は，貨幣が A 財と交換すべき財となり需要を構成するのである。しかし，ここでのハイエクのように，実物経済を前提とすると，そういうわけにはいかない。A 財の背後には必ず B 財の存在が前提されている。マクロ経済学の経済変動論（例えばヴィクセル）では，この点について悩んでいる様子はない。なぜなら固定資本の問題を取り扱っていたとしても本質的な生産モデルは結局，流動資本だけで構成されるからで

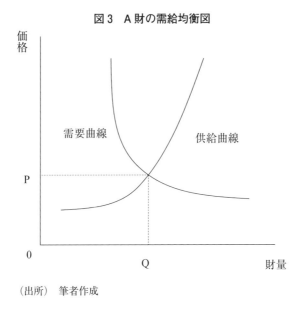

図3　A財の需給均衡図

(出所)　筆者作成

ある。つまり，1財モデルであり生産量増加＝価値量増加である。そこには市場における価格決定は存在せず，実物経済変動はいわゆる経済成長を考えるのにとどまっている。だからこそ，思考レベルで貨幣経済への移行がスムーズに行くことになる。流動資本1財モデルは，貨幣経済では流動資本に信用を覆い被せてやればよいだけの話になるからだ。

しかし，財の成長論の中に，価値決定の問題を導入してくるとそう簡単ではない。先に述べたようにB財を導入する必要が発生するからだ。この点について一つは労働を対応させるという解法があるだろう。つまり労働を実物経済における価値決定のためのB財とするのである。これは労働を価値単位とするのと同じことになる。この場合は，生産費における労働と市場均衡側面での労働との整合性が問題となり，結局，限界効用理論ではなくなってしまう。だとするとこれはハイエクの選択には入らない。では，ハイエクにおけるB財とは何だろうか。元々ハイエクは資本を多財と考えるのでB財はA財と同種の他財とすればよいと思われるかもしれない。しかし，全体的な均衡あるいは静止状態においてのA財とB財は根本的に違う財でな

ければならない。そうでなければマクロ的経済構造論である成長理論の考え方でよいからだ。そうではなく，市場価値均衡の導入を考える時，A 財と B 財とは決定的に別の存在でなければならない。

ここでハイエクが相対的価値について議論している箇所を見ることにしよう。

ハイエクは，消費者全体を一つとして考える場合，消費者は一定量の現在価値と一定量の将来所得の源泉に対して，一定の相対的価値を仮定できると考える。そして，消費者が将来所得の源泉に支払ってもよいと考える価値（現在所得ではかる）が，同じ量の将来所得の新源泉を再生産する費用（現在所得ではかる）よりも高い場合は，より多くの源泉が生産され，低い場合は，逆のことが起こるから，そのような取引が続いていくと，両方の相対費用と相対価値とが一致するようになると，市場均衡の動きを説明している（Hayek 2007, 311 ／訳 327）。

煎じ詰めれば，現在所得と将来所得の源泉のいずれか一方を価値単位とし，他方の市場価値が決定される市場が存在すること示しているのである。

また，別箇所においては，完成消費財と資本財との交換市場について次のように述べる。「総ての個人の完成消費財に対する潜在的支配の総体は現存完成消費財の全体の幾倍かであろう」（Hayek 2007, 246 ／訳 250）。

これは，資本財一般（同じことだが，投資にあてられる完成消費財を支配する部分）に対する需要が増加し，より多くの現在消費財が提供されると，供給された完成消費財の大部分が，まず第 1 にそれを直接所有する人々から，将来消費財を獲得するための手段を提供し得る人々に移転する。さらに，彼らの消費財に対する潜在的な支配が増加するに従って，完成消費財所有者が行ったように，彼らが支配する最終消費財の一部分を，消費しないで投資することで，将来同様な支配を獲得可能にする資源を得る。

完成消費財を，直接支配する人々の資本財需要増加の結果，またそれと並行して，消費財を，派生的に支配するにすぎない他の人々が，資本財需要増加を助長することになるというのである（Hayek 2007, 246 ／訳 250）。

これを簡単に言えば，資本財価値が次第に増加してゆくので，最終的に最初の完成消費財と資本財との交換価値でその後の資本財価値全体を表すこと

はできない．その価値の何倍にも資本財価値は評価されるということだろう．これは，現時点で市場に現れる完成消費財総価値と，その価値を前提として，将来にわたって作り続けられるであろう潜在的な財としての完成消費財総価値との比較でもあるのだから，何倍にもなるのは当然であろう．ここでも，資本財価値を測る財としての最終消費財価値の重要性が分かる．

　ここでのハイエクの説明から少し離れるが，ハイエクが資本財価値の総計が現在価値の何倍にもなると言っているのは現代的に考えるとよく分かる．例えば，企業の株式総額は企業の売り上げの何倍もあるのが普通である．資本財価値は，まだ見ぬ最終消費財に対する潜在的支配力である．しかも，何年にもわたると考えられる支配力であり，将来価値の源泉であるから，当然現在価値である最終消費財に直接対応するわけではない．最終消費財の背後には，将来の最終消費財を支える無数の資本財が存在するのである．

　話を戻して，このようなハイエクの相対価値や市場をめぐる議論を見ると，明らかに，A財は，将来所得の源泉と呼ばれるものであり，完成消費財に対する潜在的支配の総体と呼ばれるものである．それに対して，B財は現在所得と呼ばれるものであり，完成消費財のことだろう．直截に言えば，これは，資本財と完成消費財のことだろう．つまり，資本財市場の背後には，それが支配する完成消費財価値の存在があると言うことになるのである．ハイエクは資本家が資本を所有するのは，資本が持つ，完成消費財を支配する潜在的な力の所有を目的とすると考えるのである．

　では，この交換市場は，ハイエクの経済構造の中でどのように位置づけられるのだろうか．

　最終的な価値は，完成消費財によって測られるのだから，資本価値は常に完成消費財を背後に持つことになる．このことをハイエクは，資本価値は所得の流れを支配する潜在力だという．だから，得られるだろう価値を予想しながら，資本家（ハイエクにとっては企業家でも同じである）は生産を行う．つまり，資本家が予想する市場均衡点が，経済行動の出発点である．もちろん，個々の資本家にとっては，自らの生産する財市場における収益と言うことになるだろうが，それをにらみながら生産活動を行うことになる．結果として，予想が外れた場合には，資本家はそれに合わせた経済行動をとる

ことになる。つまり，価値決定は最終完成財との交換時点で行われるのであって，それ以前ではなく，あらかじめ生産費用＝完成財価値が決まっているわけではない。これは，筆者が以前ヴィクセルの実物利子率に言及した時に論じた文章（久保田 2012, 24）でも書いたが，限界効用理論はその場での価値決定が全てであって，その価値内容は何からも束縛されていない。ヴィクセルは，その決定時点から振り返って初めて資本がどの程度使われていたのか推測できるにすぎないと考える。ハイエクにとっても同じことで，翻訳では「予見」とされている将来に対する洞察，つまり，資本家の予想が重要となるのは，いまだに現れない将来価値を想定して行動するからである。限界効用理論に立つと，人々は，いまだに見ぬ将来価値を予測しながら，自らの行動を決定するのである。これがあらかじめ価値が経済外部で決定されていて，積み上げたものが価値となる生産費説と異なる点であり，日々変化してゆく，資本主義経済のダイナミズムを説明する理論としての限界効用理論である。

　ここに至れば，ハイエクの資本理論が，価値決定論を含めて，資本主義的変動を限界効用論として統一的に説明しようとする野心的な試みであったことが理解できるだろう。ハイエクは，そのうえで，貨幣を導入することを考えているが，本論ではこの点には触れない。本稿の目的は，ハイエクの資本理論が，ミクロ経済学（相対価値理論）であること，そしてその特徴が，どのようなものであるかを示すにとどまる。筆者は，本来マクロ経済学の主領域と考えられている経済変動や経済成長を，貨幣理論としてのマクロ経済学が大きく発展してくる時期に，実物経済の変動論としてミクロ経済学的観点から論じる点に，ハイエクの経済学者としての高い能力を見る[5]。

　逆に言えば，当時は理解されなくて当然だったろうとの感想を抱くが，結果として，この時期からミクロ経済学とマクロ経済学は，分析手法の違いではなく分析領域あるいは分析対象の違いとして，分岐してゆくことになるのである。

5. 生産の時間的構造

　ハイエクの生産過程について考えてみよう。ハイエクはある均衡状態から予期せぬ状況が起こり，均衡条件が崩れてしまった状況から始める。この予期せぬ状況は，特定の産業における発明でも，突如需要が増加するでも，突如供給が増加するでも予期せぬ状況と言うことでは同じと考えている。要するに，資本家が予見することができない状況のことである。
　この状況が起こると，資本家は，予想していた収益が確保できなくなってしまう。資本家があらかじめ考えた収益が得られないことを知った場合とる行動は一つである。投資計画の再考である。経済にとっては，投資の再編が起こると言うことであろう。結果として，資本家は従来とは違う生産設備，産業，生産期間への投資選択を余儀なくされる。
　しかし，この動きはやがては落ち着き，以前と同様な均衡へと収れんしていくことになる。もちろん，全体として経済指標的に同じであったとしても，個々レベルでは全く異なった状況に陥っていることも珍しくはないだろう。ある資本家はより多くの収益を確保し，ある資本家は資本家階級から脱落したかも分からない。ともあれ，以前と同じような均衡に落ち着いたとすると，これは，静態ではないが，以前と同じ均衡状態である。これをハイエクは非静態的均衡として分析の中心に置いた（Hayek 2007, 43 ／訳 17）。
　以上のことを前提にして，ハイエクの生産について考えてみよう。
　図4は，筆者が単純な生産の流れをつかむためのイメージとして，ハイエクの生産を考えた図である。
　生産過程は，最終消費財に向かって，左から右に時間をともなって流れている。左側を生産の川上，右側を川下と考えると分かりやすいかもしれない。様々な，本流に向かって流れる支流は，最終財を生産するために必要な生産財を生産するためのものである。当然，生産財市場が，そこかしこに現れることになるが，その財の価値評価は最終消費財に対する潜在的な支配力を持って行われると考えることができる。様々な生産過程が，大きな流れに合流することによって最終財は作られていく。もちろん，最終財は1財でな

図4　時間をともなう生産過程
時間の経過をともなって様々な産業における資本が合流して完成財を産出してゆく

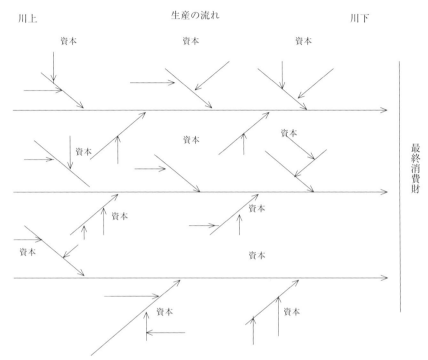

（出所）Hayek, F. A.（2007[1941]）, *The Pure Theory of Capital,* The University of Chicago Press, London. 一谷藤一郎訳『資本の純粋理論』実業之日本社版,1944．を参考に筆者作成

く，種々多様な財であろう。したがって，この図4で小さな支流といえども，多様な最終財の多くに関連するものもあれば，特殊な財にしか関連しないものもあるだろう。筆者の考えるハイエクの生産過程とはこのようなものだ。

　これは，分かりやすいようにかなり大胆に説明しているが，ハイエクはより緻密に生産の時間的構造について考察している。図5から，これを示そう。

図5 変化がもたらす所得の流れの結果

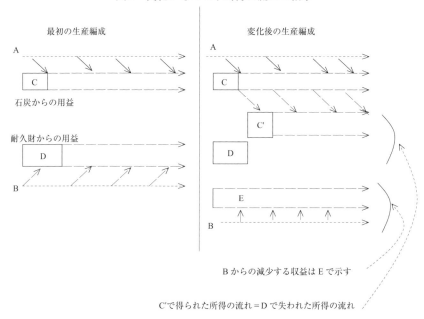

（出所）Hayek, F. A.（2007 [1941]）, *The Pure Theory of Capital*, The University of Chicago Press, London. 一谷藤一郎訳『資本の純粋理論』実業之日本社版, 1944, 10図より筆者作成

　ハイエクは，他を変化させずに，ある小単位の投入量の投資期間変更が可能な場合，その結果として個々の単位投入量投資期間の変化はどうなるかを考える（Hayek 2007, 165 ／訳 157）。具体的には，家屋を暖めるために使われた石炭が，鉄鋼を溶かすために使われた場合，鉄鋼を溶かすために使われた石炭は，その後の産出量の流れを増やすことに寄与すると考えることができる（Hayek 2007, 165 ／訳 157）。

　ただし，全体の所得の流れが不変であるという，ハイエクの非静態的均衡の前提を満たすとすると，このような利用ができたとしても，全体の所得の流れが変化してしまう場合には，投入量を使う時期の調整が必要になるというのである。

　単純な例として，石炭利用 A による投資期間の延長を補うため，その

時々の消費のためにある投入量 B を使うことになるとする。その投入量 B は元々旧編成の元では，ある別の耐久財 D を生産するために使われたものだとする。

さらに，この石炭 A の新しい使用方法から，新増加生産物 C' が完成する時点に，旧編成の元では，置き換えられるはずだったある耐久財 D が，消耗し尽くしてしまうと想定する。

新しい石炭の使用方法による新しい生産編成が登場した結果，この耐久財 D は，置き換える必要がなくなった。このため投入の必要がなくなった財 B は，その時々の消費のために利用できる（Hayek 2007, 165-166／訳 157-158）。

この図 5 は，生産過程のほんの一時期の変化を見たものだが，このような変化が理想とする将来の所得を確保するために次々と波及していくことになるのである。

ここで見た変化の結果は，石炭からの新生物の用益 C' が，使われなくなった耐久財の用益 D に変わるということだ。そして，石炭をより長い期間投下することによって生じる一時的な消費減少に対する対応をも示している。

図 5 に関して，ハイエクは，各ブロックの高さが用益を生じる率を示し，その長さはそれが生ずべき期間をあらわすと説明している（Hayek 2007, 167／訳 159）。

ハイエクは，ここで，石炭からの新生産物から得られる用益と，旧編成における耐久消費財が持続する限り，提供する用益との価値が同じと仮定しているが，生産される物量が同じとは考えていない。ハイエクにおける均衡は，価値レベルでの話であって，決して物量レベルではない。当然，一財あたりの相対価値はその物理的増加率によって変動することになるのである。ただ，最終的にはどの財に投資しても利益率は同一になる。結果として，このような均衡が生じた時点で，資本家は投資するべき対象を変える必要がなくなるのである（Hayek 2007, 169／訳 161）。

ハイエクのこのような生産の時間的構造における均衡を考えると，この均衡点における収益率，つまり，実物利子率は実のところ幾らでもよくなって

しまう。投資は，将来における所得をにらんでされるのだから，資本家の理想とする投資収益，つまり，将来所得あるいは将来完成消費財に対する潜在的な支配力がいかほどかが，最も重要な要件ということになる。これは，マクロ経済学が，資本の増加がやがて資本利子率をゼロに近づかせると，考えているのとは大きく異なっている。いかに経済的成長が起きたとしても，決して利子率はゼロにはならないだろう。そこに，資本家の意思がある限り，経済はわずかな資本財間の限界資本効率の差も見逃さず，様々に資本が組み変わりながら移り変わっていくのである。筆者は，資本主義経済を見る視点として，このような視点からの姿に共感を覚える。ダイナミックな資本の動きをとらえることが資本主義そのものをとらえることになると考えるからである。

結びにかえて

本章においてハイエクの実物生産理論について見てきた。その中で限界効用理論である意味，相対価格変動論から見た生産構造の変化，あるいは資本構造の変遷について描いたつもりである。そして，この論理が均衡理論であるにしても資本主義経済のダイナミズムをうまく説明していると考えている。従来，景気変動を描く場合，貨幣的経済変動論であるマクロ経済学から見るのが一般的であるように思う。それゆえ，過度な信用偏重が生じ，信用コントロールが全てであるかのように取り扱われることになっている。しかし，ハイエクが主張するように，実物経済は，安定的なものではなく，常に揺れ動いているものだとすると厄介なことになる。なぜなら，現代社会は地理的に分断された多様な信用（つまりこれは為替レートのことであるが）で区切られており，実物経済の本来の姿を見ようにも見ようがないからだ。それにも関わらず実物生産構造は世界全体へと拡がってしまっている。さらに，厄介なことは，各領域内では，信用の恣意的コントロールが当たり前となっており，ますます実体経済の有り様が見えにくくなっている。このような中で，実体経済が様々に変動していくなら，一体どのようにそれをコントロールすればよいというのだろうか。

ハイエクは自由を重視すると言われるが，ハイエクの自由がこのような経済認識と無縁であるとはとても思えない。このような経済実態が頭の片隅にでもあるなら，人々は経済を管理，コントロールする等という恐れ多いことを明言できるだろうか。このような経済認識を持つ限り，よほど脳天気でない限り，恐ろしくて手が出せないのではないだろうか。ハイエクの自由とは，手が出せない，出すべきではないという意味での自由であり，人間の経済実態に対する無知を前提にしているものだと思う。この点を認識するなら，まずは世界的に広がった実体経済の状況を，恣意的な信用に惑わされることなく，どうしたらつかまえることができるのか，そして，さらには，このような経済実態の変動を信用側からゆがめてしまわないよう，配慮するにはどうすればよいのか考えねばならない。

　市場を中心とする経済は，効率的であっても，その配分の公平さでは様々な問題を抱えているだろう。しかし，市場における合意のあり方は他に代わるものを持たないものである。たとえそれが，人々の命さえカネに換算して処理してしまうものであったとしても，そこには人々の合意に基づく一定の論理と根拠が存在し，感情論ではない。もちろん市場はベストではない。しかし，一応の合意を持って様々な利害を瞬時に調整し処理するシステムは他に存在していない。市場は決して最良ではないが，それ以外の他の処理システムである暴力，権力などに比べれば交換のほうが，大分ましなのではないだろうか。だとしたら，この市場システムがゆがむようなことがあってはならないと思う。我々は常にこのシステムが本来の機能を発揮できるよう配慮せねばならないし，より市場自体の分析を進めることが必要になるだろう。

　話を大きく広げすぎたが，ハイエクの実物経済分析は，経済学説的に重要であると共に，この意味でも重要な視点を与えてくれるように思うのである。

注)
1) 引用に際しては，旧漢字や旧言葉遣いである翻訳文を現代的なものに直してある。
2) ハイエクは他の学者の資本定義と自分との違いを図示している（Hayek 2007, 78 注18／訳58　注4)。
3) 久保田（1985），久保田（2001），久保田（2012）を参照のこと。久保田（1985）

では，ヴィクセルとバンキングスクールであるトゥークを比較し，カレンシースクールの系譜としてヴィクセルを位置づけている。久保田（2001）では，ハイエクがカレンシースクールの系譜であるマネタリストとは対極にある貨幣観を持つことに言及している。久保田（2012）では，ヴィクセルにおける実物生産について考えている。

4）　例えば，資本量が与件でないことをヴィクセルは分かっていた等（Hayek 2007, 191／訳 186）。

5）　私見にすぎないが，このような実物変動分析が発展していれば，アベノミクスに見られる極端な信用重視論が生まれる余地はなかっただろう。

参考文献

Hayek, F. A.（2007［1941］），*The Pure Theory of Capital*, The University of Chicago Press, London. 一谷藤一郎訳『資本の純粋理論』実業之日本社，1944 年。

久保田博道（1985），「二つの貨幣観についての覚書」『大淀学園法律経済紀要』第 1 巻第 1 号。

─────（1998），「初期ハイエクにおける貨幣認識に関する一考察」『経済学論集』（宮崎産業経営大学），第 7 巻第 1 号。

─────（2001），「後期ハイエクにおける貨幣・通貨制度認識に関する一考察」『経済学論集』（宮崎産業経営大学），第 10 巻第 1 号。

─────（2012），「ヴィクセルにおける実物利子率とその含意」『宮崎産業経営大学経営論集』第 23 巻第 1 号。

高田保馬（1944），「ハイエク資本の純粋理論解説」（一谷藤一郎訳『資本の純粋理論』実業之日本社，所収）。

ニコラス・ワプショット（2012），『ケインズかハイエクか』（久保恵美子訳）新潮社。

松原隆一郎（2011），『ケインズとハイエク』講談社現代新書。

第 3 章

Conceptualizing Money: from Commodity Monies to Cryptocurrencies

Simon James Bytheway

> Money and the particular monetary system in which we happen to be enmeshed at a given moment can be so powerful in our lives that we easily forget that they are only human creations, like the system of law that we currently find ourselves obliged to obey, often approving but also not infrequently partially disapproving.
>
> Mark Elvin (2015: XXXVII).

With the fall of metallic-backed currency systems and the rise of cryptocurrencies, now more than ever before, we need a primer into thinking about money. What is money, where does it come from, why do we have it, and what does it do? Almost continuously in use since its invention, money undoubtedly ranks alongside law as one of the greatest socially constructed creations of our earliest civilizations. And yet, millennia on, it is generally recognized that the social sciences, economic science, and sociology are all struggling to conceptualize money. Why that should be so deserves particular attention. Part of the difficulty we have in understanding money might be explained by its complex and dynamic nature, the various forms it acquires, and its inter-related socio-economic functions. Moreover, money does not fully exist in its own right, and that may make it hard to conceptualize in its true historical context. Or is it simply that most of us use money every day *unthinkingly*, without too much trouble, and surmise that we know enough about it (as alluded to in the epigraph quoted above). Whatever the case, one thing is very clear: Revolutionary monetary innovations threaten to change the way we conceptualize money in the twenty-first century.

1. The functionality and theorization of money

The primary functions of money appear to almost be universally recognized by orthodox monetary theorists. What we now call "money" must serve as a medium of exchange, a store of value, and as a measure of value. The medium of exchange function is sometimes separated into two components, when the ability to finalize a commercial transaction is emphasized as being a means of payment (or settlement). As uncontroversial as this may be to us now, our understanding of the history of money is not nearly so cut and dried, and is often distinguished by scholarly contest and conflict. For example, if an item must always simultaneously exhibit all these functions to be considered real "money" then many scholars would argue that our understanding of history needs to be radically revised, for there are times and places where no completely functional monies appear to have been in circulation at all (Flynn 2016: 2). Moreover, the advent of cryptocurrencies or "digital monies" seriously challenge functional conceptions of money (as discussed below), and promote the use of looser "working definitions" of currencies and markets.

Unsurprisingly, the development of monetary theory derives from the origins and early functions of various monies. So money is as money does? The commodity theory of money is well-known today as it is used, often implicitly, in conventional, neo-classical economic theory. The commodity theory focuses on money as being a medium of exchange, that is, money acts as a universal commodity that is exchangeable for all other commodities. All the other functions of money (the "moneyness" of money) are derived from its medium of exchange function. The ideas, the theoretical underpinnings, that inform modern commodity theory — from Locke, Newton, Petty, Cantillion, Hume — all trace back to Aristotle's time-honoured, commodity theory (in which money is conceptualized as a "thing" which possess value that allows it to act as a medium of exchange). Critically, the notion that money was a measure of *absolute* value has been replaced with the emphasis being firmly placed on *relative* value as produced through exchange (supply and demand) "based on the interplay of subjective preferences"(Ingham 2004: 6-7,

207).

Historically, Karl Marx (1818-1883) provided one of the most important challenges to commodity theory with his labour theory of value. By theorizing the value of money as being equivalent to (or symbolic of) the labour expended, or embedded, in its production, Marx posited that the amount of labour power expended in the production of a commodity ultimately decided the value which the commodity possessed. So the purchasing power of a gold coin, for example, may be seen as an expression of the "socially necessary" labour required to produce it. In this sense, the labour theory of value emphasizes the store of value function of money (Marx 2013: Chapter One). However intellectually attractive the theory may be, money is notoriously complex, Boehm-Bawerk and the Austrian (school) economists worked to demolish his arguments (in the late nineteenth century) by emphasizing the interaction of preferences, technology, and endowments through exchange (general equilibrium theory). Beyond arguing the utility of the labour theory of value, we must also recognize that in many ways the failure to conceptualize the multifunctional nature of money "prevented Marx (and almost all his contemporaries) from recognizing... the production of abstract value in the form of credit-money, or the more radical position that all money is token credit"(Ingham 2004: 62-3). Thus generations of scholars informed by Marxist theories have failed to grasp the dynamics and power of financial capitalism, particularly in its most recent, twenty-first century guise.

Over the last century or so, the only other theory of money to gain acceptance among social scientists relates to the social construction of credits and debts. So-called "claim theory" is derived from the notion that the moneyness of money consists as claims or credits, not in its utility as tradeable objects or their symbols. Irrespective of any *form* it might take, "money is a 'claim' or 'credit' that is constituted by social relations that *exist independently of the production and exchange of commodities*" (Ingham 2004: 12). In contrast to orthodox economic theory and its casual acceptance of Aristotle's commodity theory, money is first and foremost an abstract *measure of value* (a unit of account). Critically, money is not a commodity subject to orthodox micro-economic theory, and money is not "neutral" in nature or character. Rather the circulation of money is always the result of carefully constructed social and political arrangements. Seen in this light, money also represents a claim or credit against the issuer — be it a monarch, a state, a bank, or whatever. Money has to be "issued" and something can only be issued *as money* if it is capable of cancelling debt "incurred by the issuer" (Ingham 2004: 6-7, 12). The origin of the power of money thus lies in the promise (and even the belief, and trust) between the issuer and the user of money. But what do the archeological and earliest historical records tell us about commodity and claim theories, and the wider meaning of money?

2. The origins of money

As the development of markets logically precedes the circulation of merchandise or currency (Iwamoto 2015: 63), the primacy of the market, over industrialization or capital, for example, is posited as a fundamental characteristic of any capitalist economy (Hicks 1969). And yet, evidence supporting orthodox economic theory in regards to some orderly transition from barter to currency transactions in the context of market economies is scarce. On the contrary, a growing body of archaeological suggests the *functional* origins of money were as a means of calculating debt in pre-market (tribal and clan) societies (Ingham 2004: 89, 105). The earliest forms of money appear to be functioning as measures and stores of value, rather than serving as mediums of exchange.

Historically, monetary accounting systems combined various elements of social technologies (means) and social practice (social relations). Having a scale for measuring value based on the payment of debts, and developing an elementary system of bookkeeping (the likely basis of written language) were thus two key innovations (Ingham 2004: 94). And so it follows that the development of monies and monetary systems is closely related to the parallel establishment of laws and legal systems. Indeed, our earliest written legal edicts, Esnuuma's Laws (c.2000 BC)

第3章 Conceptualizing Money

and Hammurapi's Laws (c.1750 BC), start out by defining basic units of measurement, and by defining acceptable methods for the repayment (or discharge) of accumulated social debts. Babylonian *shubati* clay tablets (extant from c.2500 BC) representing the acknowledgement of indebtedness, as measured in a unit of account, indicate that "debtor-creditor relations denominated in a money of account pre-date the first coins by more than 2,000 years" (Ingham 2004: 207-15). Thus, well before the production of coins, token measures of material values and precious metals were probably integrated first as symbols of power and prestige.

When the first true, precious metal coins were struck in Lydia (present-day western Turkey) around the seventh century BC it is likely that they were used primarily as status symbols that stored wealth, rather than used as a means of payment and media of exchange. The technology behind their production soon improved and the usage of these coins spread from Asia Minor to Ionia and the Greek mainland. The earliest coins were of mixed weights and purities and did not exhibit any indication of numerical values (Ingham 2004: 94-8). Nevertheless, these early coins were probably a convenient medium of exchange with variable exchange rates, and they may also have been used as measure of value (unit of account). A diverse selection of coin designs have been found exhibiting great artistry, often with arresting abstract and natural subjects. The first head of reigning monarch to be customarily minted on a coin is said to be that of Alexander the Great (Jones 1972: 20).

That the word "money" is used today all over the world, derived from *Moneta*, the temple in Imperial Rome where money was first coined, attests to the enormous influence and power of the Roman Empire. And yet, by the end of Roman times the social and political power which made Roman money acceptable as a unit of account, and encouraged its use as means of payment, had ebbed away (Ingham 2004: 109). Moreover, relatively sophisticated credit instruments, such as promissory notes (the forerunner of modern bank cheques) which once distinguished "men of money" in ancient Rome, were lost to civilization (Jones 1972: 50). By the thirteenth century, the most powerful of Europe's emerging states asserted their sovereignty by issuing their own monies as their own measures of value. Coins and later credit instruments, such as bills of exchange, were established as abstract units of account that were *counted* — not weighed or assayed — when they were used as monies. Historically, great shifts in economic and political power have underlain this circumstance or development. Monetary systems are held together by networks of credit and debt relations "underpinned and constituted by sovereignty" that had to be made to work, to be enforced, by authority (Ingham 2004: 111-3). The converse is also true: A robust monetary system is essential to the development of a politically strong state.

Skipping ahead to 1844, centuries of continuous monetary reform and financial innovation seemed to culminate with the establishment of the gold standard in Britain. Starting out from London, and adopted throughout most of the industrializing world in the two centuries that followed, the gold standard was understood as "a *promise*, made in an abstract unit of account, to redeem a note for an amount of the precious metal" (Ingham 2004: 24-5). That the exchange rate between the two needed to be *fixed* and regulated by an authority, and was not "freely" or "automatically" determined by market mechanisms was much less well understood (Bryan 2010: 4). Unbending fidelity to the notion of money as essentially being just another commodity, and the wider framework of the commodity-exchange theory of orthodox economics, served to blur, if not conceal, the social and political creation of money (and monetary standards) well into the early twentieth century (Bain 1968 [1893]: 115; Rogers 1931: 209). The long, historical "ideological naturalization of money" was achieved with overwhelming success until the abandonment of gold, both as a monetary metal and as a measure of value, brought the entire "fiction of universal, immutable, natural money" into disrepute (Ingham 2004: 80).

3. Mitchell-Innes and the credit theory of money

A key, if long-overlooked, pioneer in monetary theory is Alfred Mitchell-Innes, the author of two articles "What is Money?" and "The Credit Theory of Money" published in the *Banking Law Journal* of May 1913 and January 1914. Innes critiqued the "metallist theory of money" by pointing out that the earliest known coins were irregular in weight and fineness and could not be related to any metallic standard. More importantly, early coins did not possess any numerical indication of their value. He had no doubts about what he was looking at: Coins were credit instruments that represented abstract value or purchasing power (Mitchell-Innes 1913: 377-408).

The Ricardian notion that "there can be no unerring measure of either length, of weight, of time or of *value* unless there be some object *in nature* to which the standard itself can be referred" (cited in Sraffa 1951: 401, emphasis added) is similarly disproven and quickly dispensed with. The theory of an abstract standard for money was the same as all other measures: "No one has ever seen an ounce or a foot or an hour"(Mitchell-Innes 2005 [1914]: 358-9). Just as weight (the force of gravity) is far from constant, varies subtly in each context, and in not exerted equally everywhere, so too, credit and debts are abstract notions. Indeed, the measure and value of money fluctuates in response to the distribution *and redistribution* of social and economic power. There is no such thing as a natural monetary standard or "natural money", in fact, money is not necessarily a thing at all. Indeed, Metzler makes it clear in *Capital as Will and Imagination* that money and credit are not so much things, but rather powerful expressions of social relations or potential relations (Metzler 2013: 3-4). For example, huge 78- and 44- year loans raised in London for the cities of Osaka and Yokohama during the 1900s were much more than commercial transactions, they were providing for the long-term development of socio-economic and political relations between Great Britain and Japan (Bytheway 2014: 112-7). On a personal level too, inter-generational housing loans and serial short-term, pre-harvest lending to families in agricultural communities are not just monetary "things", they are sincere financial expressions of important social relationships.

One can only speculate on what drove Mitchell-Inness to write so passionately about money. He seems to have been intensely aware "that the more government money there is in circulation, the poorer we are" and suggests that "of all the principles which we may learn from the credit theory, none is more important than this" (Mitchell-Innes 2005 [1914]: 355). And yet his "credit theory" is continually extolled. Indeed, "The Credit Theory of Money" ends with him providing a strikingly polemic summary of the credit theory in the form of statements, or more properly slogans, of which I will only quote a fraction.

> There is no such thing as a mechanism of exchange.[1]
> A sale and purchase is the exchange of a commodity for a credit.[2]
> The object of commerce is the acquisition of credits.[3]
> A coin is an instrument of credit or token of indebtedness; identical in its nature... with any other form of money, by whoever issued.[4]
> The issue of money is not an exclusive privilege of government, but merely one of its functions... Money in one form or another is, in fact, issued by banks, merchants, etc.[5]
> Until modern days, there never was any fixed relationship between the monetary unit and the coinage.[6]
> Precious metals are not a standard of value.[7]
> The government stamp on a piece of gold changes the character of the gold from that of a mere commodity to that of a token of indebtedness.[8]
> The nominal value of the dollar coin exceeds the market value of the gold of which it is made. Coins can only remain in circulation for any length of time if their nominal value exceeds their intrinsic value (Mitchell-Innes 2005 [1914]: 372-3).[9]

The ageless mantra of gold miners everywhere: "Gold is money, and everything else is credit" had been turned on its head. For Mitchell-Innes, "Credit and credit alone is money".[10] Keynes reviewed Mitchell-Inness's work in most favourable terms (Keynes 1914: 419-21), and a decade later something of its concise, cutting, revelatory, and revolutionary nature seems to have informed his own infinitely more widely read and highly influential *A Tract on Monetary Reform* (*1923*).[11] But how can the ideas of Mitchell-Innes help us understand money in the twenty-first century?

4. Understanding the future of money

An understanding of the claim theory of credit suggests that orthodox conceptions of money are deeply flawed. Nevertheless, they continue to plague our present understanding of new monies and currencies. Some common misunderstandings deserve immediate consideration.

Foremost is the assumption that "cashless transactions are moneyless". Although it may not always be readily apparent, new payment methods always require transactions to be settled in an abstract unit of account. Some day in the distant future advanced information technologies *may* allow for the development of new "barter-credit clearing systems" free of political state interference, but there is very little evidence to suggest that national currencies will be displaced or replaced in the near future. The recent popularity of a plethora of new, pre-paid (debit) IC cards (ICC), and more conventional post-pay credit cards, allow for transactions to be made conveniently without physically exchanging legal tender currency. Nonetheless, monetary transfers are always required to enable and settle these transactions. The increasing usage of "smart" and "chip" IC cards is not causing the "death" of money, but rather changing how it is used by dramatically reducing the amount of banknotes and coins in circulation (c.f. Kurtzman 1993).

We are in an exciting age where new and varied media of exchange are constantly being developed and promoted. These changes are important and could potentially "erode" national monetary prerogatives. In the very near future, for example, private multinational organizations might issue new media of exchange which recognize each other's monetary values. For example, something similar to an Apple iTunes card might be used to pay for concert tickets, clothing items, or telephone charges. Nevertheless, the credibility of the commercial organizations involved would be subject to intense scrutiny, and any monetary failure or oversight could endanger the company's earnings potential. Fundamentally, the more a client state sanctions the use of multiple currencies, the greater the overall transaction costs become for all parties and citizens. Governments all around the world seem to have taken a soft view on digital monies presumably as they seek to nurture and encourage national advances in e-commerce or "fintech" IT finance. That notwithstanding, it is clearly in the political interests of any state (for purposes of tax collection and monetary stability) to have all forms of money integrated and denominated in its own abstract money of account — that is to say, in its own national currency or legal tender (Ingham 2004: 180-8).

Perhaps the advent of "digital monies" and cryptocurrencies presents the greatest of challenges to a clear conception of money. What are cryptocurrencies, cyber currencies, digital monies, e-money, and virtual monies, and how are they different from previous forms of money? First of all, there are fundamental problems with the terminology, or loose jargon, used to describe these emerging technologies. References to "virtual" or "imaginary" monies imply that they are alternate to "real" or "non-imagined" tangible monies, presumably in the physical form of banknotes and coins (but not as tangibly-challenged bank cheques, bills of exchange, overdrafts or credit instruments). And yet, the greater part of today's (or even yesterday's) money, even by narrow definitions of money, consists of "book money" or digitized bank balances supported by complex, high-security computing platforms (Metzler 2013: 40).

Differentiating between monies in terms of their "realness" or physicality is, at best, unhelpful.[12] Broad, catch-all terms like digital monies, cyber currencies, and electronic e-money are, in fact, increasingly being defined as encoded "proof of work" cryptocurrencies that require a "verifiable demonstration that they have paid a cost in computation time" without disclosing the identities of the agents involved (Barrdear and Kumhof 2016: 4-7). These cryptocurrencies exist as measurable stocks of digital deposits and are every bit as physical as money displayed in a modern bank balance, the reality of which goes largely unquestioned. They require continual, transformational inputs of software, hardware, and labour to be maintained, consuming the three basic factors of production (land, labour, and capital) posited by orthodox economic theory.[13] They exist in a physical sense: "Digital monies are tangible, not *virtual*" (Flynn 2016: 3). But, are these digital deposits really money?

On the most profound level, and given the above treatment of monetary theory and history, we have to consider the "moneyness" of digital monies. In which ways, and to what extent can new cryptocurrencies be thought of as money? In addition to the notion that "cashless transactions are moneyless", there is a growing belief in future, denationalized "digital" money which itself emerges from a second, widely-held misunderstanding that "money is primarily a medium of exchange". Classical political economy, neoclassical economics, and neoliberalist "new monetary economics" have all implicitly encouraged this perception, although in reality a sound social and political base is needed to allow money to function as a measure of value (unit of account). The use and circulation of any monies, be they sixteenth century bills of exchange or today's bitcoins, remains embedded in, and restricted to, the economic network it was created for. These "market monies" lose their value (as currency) if the viability of their market networks is compromised (Ingham 2004: 178-81).

Moreover, misunderstanding the nature of money allows some to suggest that new forms of money might replace our present-day monies, just as paper monies were able to "take on a life of their own" and delink from their gold and silver bases. Once again, these ideas spring from a preoccupation with the *form* which money takes (as a medium of exchange) in economic transactions, and ignore the underlying social and political relations that exist between the issuers and users.[14] Anonymous, unregulated, decentralized, and denationalized digital monies might become a viable transmission mechanism (especially for illegal activities, such as those involving pornography, prostitution, drugs, forgeries, arms, and money laundering) providing they can "bridge" between demand and supply currencies. In order to be effective as media of exchange these digital monies will presumably peg their exchange values to well-managed, key national currencies. Nevertheless, these new payment mechanisms will have to confront unending political, and hence legal, opposition from national and international monetary authorities should they be considered a problem or a threat (Ingham 2004: 181-8).

With an informed understanding of what constitutes money, of what money is, we can see that much of the excitement and hyperbole surrounding "revolutionary" cryptocurrencies is misplaced. Typically, the exchange value of cryptocurrencies, as measured in terms of effectively managed, national currencies is characterized as being "highly volatile". The ability of unregulated cryptocurrencies to function as socio-economic stores of value is thus brought into question. Moreover, any advantages that might be conferred by using cryptocurrencies as media of exchange need to be weighed against their inherent inability to function as centrally regulated measures of value across wider socio-economic communities. The digital deposits of cryptocurrencies may arguably be symbols of real status and wealth, but they are yet to be accepted as integral components of the manufactured system of competing social and political relations interests that we associate with money. Cryptocurrencies, and more broadly digital monies, thus currently lack the community-based, political resources and "infrastructural powers" that national currencies typically provide. In the final analysis then, cryptocurrencies and digital monies are media of exchange, not money. Their oft-noted conceptual likeness to other commodities stems from just this fact!

That said, what we have discussed as constituting money here, a means of exchange; a store of value; and a measure of value; may be judged by the terminologically over-burdened, general public to be arcane, academic, and overly theoretical. Digital monies, and their earlier electronic forerunners, have been used for years (and decades), almost all the time erroneously referred to by all parties as "monies" despite falling a long way short of the intellectual constructs discussed above. Perhaps our definition of money has to be softened to reflect general and changing perceptions? Cryptocurrencies and digital monies may well have limited futures as media of exchange, but serendipitously the most innovative elements of present-day cryptocurrencies, such as the "distributed ledger" or "blockchain" technologies, could change the way in which all future electronic transactions are settled. For example, the distributed ledger, a prototypical "decentralised virtual clearinghouse and asset register", will likely be adapted for use in new monetary technologies providing it can accommodate and facilitate huge volumes in trade (Broadbent 2016). An emerging consensus between central bankers on what is essentially a new digital accounting mechanism is hardly likely to make headlines in the way that cool, futuristic cryptocurrencies have. But the authority to designate and validate monetary claims is at the heart of what central banks do (see Bytheway and Metzler 2016). Recognition that the power of money thus lies in the promise, the belief, and *trust* that exists between the issuers and the users of money, as the foundation of monetary transactions, reveals that peer to peer "proof of work" cryptocurrencies have the potential to provide almost universal access to immediate settlements, with lower transactional costs, increased security, and arguably with greater personal freedom, control, and transparency. Indeed, technology associated with cryptocurrencies might turn out to be much more than exciting financial innovations, they may themselves become a key part of the economy-building infrastructure which will define our monetary progress in the twenty-first century.

注）
1 ）　The following are my own translations for Japanese readers.
「交換のメカニズム」のようなものはない。
2 ）　売買は，商品と債権の交換である。
3 ）　商業の目的は，債権の獲得である。
4 ）　硬貨とは，信用の道具または債務のトークンであり，発行者が無関係で，他のマネーとすべて同様である。
5 ）　マネーの発行は，政府の１つの機能であり，単なる政府の排他的特権でない。実際には，商人，銀行などが，何らかの形でマネーを発行する。
6 ）　産業革命の誕生まで，貨幣と貨幣単位との間に一定の関係がなかった。
7 ）　貴金属は，価値の標準ではない。
8 ）　金に政府のスタンプが押されると，その金は，単なる商品から「債務のトークン」に変わる。
9 ）　硬貨の本質的な市場価値は，その名目上の価値を超えた場合，あまり長い間で流通を続けることはあり得ない。
10）　マネーとは，信用と信用だけである。
11）　Keynes remarks, for example, "In truth, the gold standard is already a barbarous relic... Advocates of the ancient standard do not observe how remote it now is from the spirit and requirements of the age. A regulated non-metallic standard has slipped in unnoticed. *It exists*"

(1923: 172). For clear and concise discussion of Keynes and modern monetary theory, see Wray (2014).

12) In the Japanese context, the discussion of money and associated themes is particularly problematic. The common, everyday word for money is written as the antiquated "honourable gold (ōkane)"; modern currency (tsūka) in everyday circulation is often discussed, and indeed is written in law, as being "commodity money or specie (kahei)", and no clear distinction seems to be made between it and legal tender (hōtei tsūka). Looking towards the future, it is very likely that the confusion will continue. New cryptocurrencies (angō tsūka) are most often erroneously referred to as intangible "imaginary money (kasō tsūka)" along with a whole host of cyber currencies, digital monies, e-money, and virtual monies. Of great academic concern, the promotion of conventional monetary theory continues much as it did a generation ago, despite its failure to come to terms with the many questions posed by cryptocurrencies and new twenty-first century realities.

13) Digital monies also consume tremendous amounts of energy, on the scale that rivals that of national economies! For example, Barrdear and Kumhof cite research that estimates that the bitcoin network alone consumed 5GW during early 2014 (the equivalent of Ireland), and its electricity consumption is set to triple to 15GW by 2020 (2016: 7).

14) "Money is essentially rooted in the money of account and the final means of settlement that is, of necessity, established by an authority" (Ingham 2004: 181-2).

Sources and Additional Readings

F. W. Bain, *The Corner in Gold: Its History and Theory*, (New York: Greenwood Press, 1968 [1893]).

J. Barrdear and M. Kumhof, "The macroeconomics of central bank issued digital economies", Staff Working Paper No.605, (London: Bank of England, 2016).

S. Bryan, *The Gold Standard at the Turn of the Twentieth Century: Rising Powers, Global Money, and the Age of Empire*, (New York: Columbia University Press, 2010).

B. Broadbent, "Central Banks and Digital Currencies", [speech] (London: Bank of England, 2016).

S. J. Bytheway, *Investing Japan: Foreign Capital, Monetary Standards, and Economic Development, 1859-2011*, (Cambridge, MA: Harvard University Asia Center, 2014).

S. J. Bytheway and M. Metzler, *Central Banking and Gold: How Tokyo, London, and New York Shaped the Modern World*, (Ithaca: Cornell University Press, 2016).

G. Crowther, *An Outline of Money*, (London: Thomas Nelson and Sons, 1940).

Roger-Paul Droit (ed.), *What is the Meaning of Money?*, (Boulder: Social Science Monographs, 1998).

M. Elvin, "Preface: some thoughts on the nature of money", in Jane Kate Leonard and Ulrich Theobald (eds.), *Money in Asia (1200-1900): Small Currencies in Social and Political Contexts*, (Leiden: Brill, 2015), pp. ix-xxxix.

第3章 Conceptualizing Money

D. O. Flynn, *Follow the Monies: Global History and the Laws of Supplies and Demands*, forthcoming book, delivered as presentation at DAMIN-SF（17 May 2016）.

J. K. Galbraith, *Money: Whence It Came, Where It Went*,（London: Andre Deutsch, 1975）.

J. K. Galbraith, *The Age of Uncertainty*,（London: Andre Deutsch, 1977）.

J. R. Hicks, *A Theory of Economic History*,（Oxford: Oxford University Press, 1969）.

G. Ingham, *The Nature of Money*,（Cambridge UK: Polity, 2004）.

G. Ingham（ed.）, *Concepts of Money*,（Cheltenham UK: Edward Elgar, 2005）.

Y. Iwamoto [translation by S. J. Bytheway] "Yanagita Kunio and the problems of agricultural markets", in C. Nartsupha and C. Baker（eds.）, *In the Light of History: Essays in Honor of Yoshiteru Iwamoto, Eiichi Hizen, and Akira Nozaki*,（Bangkok: Sangsan, 2015）, pp. 61-70.

A. Mitchell-Innes, "What is Money?", in *Banking Law Journal*, vol. 30,（May 1913）, pp. 377-408.

A. Mitchell-Innes, "The Credit Theory of Money", in *Banking Law Journal*, vol. 31,（January 1914）, pp. 151-68.

A. Mitchell-Innes, "The Credit Theory of Money", in Geoffrey Ingham（ed.）, *Concepts of Money*,（Cheltenham UK: Edward Elgar, 2005 [1914]）, pp. 354-74.

J. P. Jones, *The Money Story*,（Newton Abbot: David & Charles, 1972）.

J. M. Keynes, "What is Money?" [Review Article], in *Economic Journal*, vol. 25, no.95,（Sept. 1914）, pp. 419-21.

J. M. Keynes, *A Tract on Monetary Reform*,（London: Macmillan, 1923）.

D. T. Llewellyn（ed.）, *Reflections on Money*,（London: Macmillan, 1989）.

K. Marx, *Capital*, Volume One,（London: Wordsworth, 2013）.

M. Metzler, *Capital as Will and Imagination: Schumpeter's Guide to the Postwar Japanese Miracle*,（Ithaca: Cornell University Press, 2013）.

D. Ricardo（P. Sraffa ed.）, *The Works and Correspondence of David Ricardo*, Volume One,（Cambridge: Cambridge University Press, 1951）.

J. H. Rogers, *America Weighs Her Gold*,（New Haven: Yale University Press, 1931）.

J. Schumpeter, *Theory of Economic Development*,（Oxford: Oxford University Press, 1934）.

W. F. Spalding, *A Key to Money and Banking*,（London: Blackie and Sons, 1938）.

J. Williams（ed.）, *Money: a History*,（London: BM Press, 1997）.

L. Randall Wray, "From the State Theory of Money to Modern Money Theory: An Alternative to Economic Orthodoxy", Working Paper No.792,（New York: Levy Economics Institute, 2014）.

参考文献

J. Kurtzman（山岡洋一訳）『デス・オブ・マネー』（講談社，1993）。

宅和公志「管理通貨制度の理念と展望」『商学集志』83: 3（2013）pp. 23-45.

ひろさちや・佐伯啓思『お金ってなんだろう』（鈴木出版，1992）。

楊枝嗣朗『歴史の中の貨幣：貨幣とは何か』（文眞堂，2012）。

第 2 部
証券・保険・協同組織金融の理論と思想

第4章

19世紀のパリ証券市場と証券理論
―ルフェーブル，ルニョーとバシュリエ―

佐藤　猛

はじめに

　証券理論の歴史をみてみると，まず，ルイ・バシュリエ（Louis Bachelier, 1870-1946）を証券理論の源流と位置付けことが多い。なぜなら彼の主著である 1900 年の『投機の理論』（Théorie de la Spéculation, 1900）において，国債についてのオプション取引のグラフとその価格付けについての数学的なアプローチ（離散型価格モデルと確率的価格モデル）を用いて，近代証券理論の骨格をなす証券市場のランダム・ウォークをブラウン運動と定義して，さらにオプション取引価格を連続型（確率的）モデルを提示した。この2つの理論（ブラウン運動とオプション取引モデル）は近代証券理論（金融工学）の基本的な枠組みとなっているので，バシュリエは近代証券理論の祖といわれている。

　では，このような近代証券理論はどのような背景から誕生したのであろうか。19世紀の証券市場と証券理論の関係性から考察する。これが本章のテーマである。

　その手掛かりとして，1870年代にパリ証券取引所でのオプション取引について分析したアンリー・ルフェーブル（1873）を俎上に乗せる[1]。つぎに，パリ証券取引所の効率的市場（相場の確率的変動）に関してジュレ・ルニョー（1863）の理論の成立過程を考察する。

　そしてルイ・バシュリエ（1900）の証券理論を現代的理論からひも解く。このような検討を通して，19世紀の自然科学と経済の発展が3人の証券理論に影響を与え，さらに相互関係性を有しながら近代証券理論を誕生させた

歴史的必然性を明らかにする。

　本章は以下の構成をとる。1では19世紀のパリ証券市場，特に発展が目覚ましいこの世紀の後半を概観する。2ではルフェーブルの経歴・思想と証券理論，3ではルニョーの経歴・思想と証券理論を論じる。4ではルイ・バシュリエの経歴と証券理論について考察する。

1．19世紀のパリ証券市場

　1796年に開設されたパリ証券取引所（La Bourse de Paris）は1826年，ナポレオン・ボナパルトの命でブロニアール（Brongniart）がパリ証券取引所（Palais）として建築したものである。これは対外戦争のために国債調達（流通）を目的にしていたといわれる。ただし，フランス経済の重要な機能の一つとしてパリ証券市場が認められるようになったのは19世紀に入ってのことである。2月革命を経て成立した第2共和政（1830 - 1848），その後の第2帝政（1852 - 1870）においてはパリ証券市場も大きく発展を遂げた。この間にルフェーブルとルニョーの証券理論が構築された[2]。

　第3共和政（1870 - 1940）では証券市場はまだ投機的取引は衰えなかった。1882年，ユニオン・ジェネラル（L'Union Générale）銀行の倒産を契機としたクラッシュ（暴落）により，未曽有の10年の不況が続くが19世紀末（1893年頃）から再び経済が回復し始めた。これは1914年まで続くベルエポック（belle époque）の始まりでもあった。ちょうどこの輝かしい時代が始まった時にルイ・バシュリエの『投機の理論』（1900）が上梓された。

(1)　第2帝政期以降の金融政策

　第2帝政期は一般に1850年代の「権威帝政」とその後の「自由帝政」に分けられる。経済政策では「権威帝政」期の公共事業，とりわけ鉄道敷設，港湾道路整備（スエズ運河の開通も含む），オスマンによるパリ改造（1853 - 1870）などにより産業革命の恩恵に浴することになる。また，金融機関の改革により従来，貴族やブルジョアを対象としたオート・バンク（Haute Banque）から中小の商人向け対象に手形割引をするためのパリ割引銀行，商

工信用銀行が設立された。動産信用総合銀行の創設者ペレール兄弟（fréres Pereire）は鉄道と銀行の整備の中で一般大衆からの資金を預金として吸い上げて，産業資本や中小企業へ融資する役割を担う事業銀行（Banque d' Aaffaires）を思い立った。これによりクレディ・リヨネ銀行（Crédit Lyonnais, 1863年設立）やソシエテ・ジェネラル銀行（Société Génénrale, 1864年設立）が誕生して，さらに鉄道，国債へも投資するようになった。「自由帝政」期においては会社法（la loi du 24 juillet 1867 sur les société commerciales）の改正により株式会社の設立を許可主義から準則主義に転換した。これはイギリスの1856年 Company Act の成立の影響による。

こうした経済政策によりフランスの国民総生産（Produit National Francais）は19世紀中葉（1847 - 1872）の4半世紀の成長率は63.2%を記録した。

第3共和政（1870 - 1940）は普仏戦争の賠償金払いのための高利率の国債の大量発行が行われると同時に，国力充実のため1875年の軍備拡大法が施行され軍需産業の独占化の進んだ時期であった。

(2) 第2帝政期以降のパリ証券市場

表1では19世紀のパリ証券取引所の現物上場銘柄数の推移を示している。やはり第2帝政期以降，株式，外国証券の上場銘柄数が多くなっているが，ただし，依然，取引はフランス国債が中心であった[3]。その中で，パリ証券取引は公式市場（parqué）と非公式市場のクリス（coulisse）が存在していた。そして公式市場では公認仲買人（agent de change）により独占的に取引が行われていた。しかし，2つの市場についての証券の取扱いの明確な区分はなかったが，1898年，上場銘柄の公認仲買人による独占権が確立した。ただし，国債についてはクリスの取扱いは依然，可能であった。

また，公式市場相場はチッカー（ticker）の普及（ニューヨークでは1867年に開始，ロンドンでは1872年に開始され，パリより早い）により次第に迅速になっていった。これにより相場情報の重要性が認識され，はじめて瞬時の価格に関する理論づけが研究されるようになった。

1870年以降になると，パリ証券取引所はさらに海外銘柄も非常に多くなり，国際化された市場，いわゆる金融グローバリゼーションの嚆矢と位置付

表1 現物取引の公式上場数

		1821	1830	1844	1852	1869	1880	1899
国内証券	国債	4	6	7	5	5	8	7
	公共債	1		1	7	14	28	56
	社債			7	35	97	154	254
	債券合計	5	6	15	47	116	190	317
	政府保証株式		6	20	40	25	55	65
	金融機関	5	6	18	35	53	81	96
	工業	1	9	16	41	104	140	269
	株式合計	6	21	54	116	182	276	430
外国証券	外国国債	1	7	7	34	58	59	54
	外国社債	1	4	12		27	41	45
	外国株式					24	9	15
	外国証券合計	2	11	19	34	109	109	114

資料：Cote offceile de la Paris, Hautcæur（2007）, tableau 1.

けることができる。

　こうした背景については紹介したように金融機関の発達また一般大衆の証券市場への参加等が挙げられる。この意味で証券市場は大ブルジョアのみだけでなく，中間階層（中小ブルジョア）の投資家を作り上げた。そこでギャンブルまたは投機でなく社会的公正とモラル的に受け入れ可能な投資理論が求められた[4]。そして取引所の機能は均衡を維持し，減価を防御して大衆の教育と繁栄を堅持する使命があると考えられるようになった。そのため証券市場論はまさに証券取引所の機能の研究を対象とする考え方がこの時に確立されたといえる。

(3) 条件付き取引

　パリ証券取引所の売買取引は現金取引（opération au comptant）より条件付き取引（opération à terme）が大きな比率を占めていた。条件付き取引のうち先物取引（opération ferme）は決済期日をあらかじめ定めておく取引期間が

ある。期日に決済しても中途で反対売買による差金で決済してもよいので，現代の先物取引に相当しよう。

つぎにプレミアム付き取引（opération à prime）とは，いわゆる現代のオプション取引である。また，当時，プットとコールのオプションを合成したストラドルまたはステラージ（le Straddle ou le Stellage）も盛んに行われたようである。

しかし，条件付き取引は不道徳な取引として考えられていた。このことは 19 世紀初頭まで条件付き取引が禁止されていたことからも理解できる。それゆえ，19 世中葉以降，市場拡大には金融投資理論による条件付き取引の妥当性を支援する必要があった。

2. ルフェーブルの証券理論

ルフェーブルの主著は 1873 年の『生理学と社会的構造』(Physiologie et Mécanique Sociales, 1873)（第 1 部と第 2 部）と『取引所の科学の諸原理』(Principes de la Science de la Bourse, 1874) である。ここでは『証券，取引所取引，投資と投機に関する概論』(Traité des valeurs mobilières et des opérations de Bourse, placement et spéculation, 1870) を中心にルフェーブルの証券理論を整理してみたい。

(1) ルフェーブルのアプローチ

アンリー・ルフェーブル（Henri Lefèvre, 1827 – 1885）は 1848 年，大学では自然科学を専攻したが，銀行や保険会社に勤め証券投資に携わった。その後，経済雑誌の主幹となる傍ら証券・保険理論を中心とした執筆活動に入った。特に，第 2 帝政期の経済，投資（投機）ブームを背景に一般投資家が受入れ可能な投資理論の普及とその教育の重要性が増した。

そのため，彼は「証券市場科学」の確立を目指して，いかにパリ証券市場の組織が取引を通じて均衡化させる器官（機関）であるかについていろいろな方法で説明を試みた。

その説明は証券取引所の証券理論を経済の商品の循環として捉え[5]，社会

の経済組織を考える。そして人間の器官（もちろん心理も含め）の類似性をもって，いかに完全な社会が組織化されているかに関心を持つようになる[6]。このため実証的手法の経済理論とそれに対応する証券取引のメカニズムから取引所の経済的な効率性を立証しようとした。この思想背景には古典経済学の自然法理の調和化・均衡化の志向がある。

　こうした証券理論の体系はオーギュスト・コント（Comte, Auguste., 1798-1857）が唱えた社会学的分析のpositivism手法または実証的主義に大きく影響を受けている。コントの『実証哲学講義』（Cours de Philosophie Positive, 1817）によれば，人間の思考の学問研究では神学的，形而上学的，実証的という3つの段階を経て発展するとした。これを3段階の法則（la loi des trois états stages）と呼び，予見するために観る（voir pour prévoir）ことが重要であるとする。ルフェーブルはこの実証主義に共鳴したようである[7]。形而上学が神学的精神による世界の体系的認識を破壊するだけに終わった（単に否定的だった）のとは違い，実証主義は人間社会を観察する。なぜなら社会で人々は互いに分業を通じて相互依存しているので，実証主義は公共の福祉の追求が結局は個人の幸福につながることを合理的に明らかにできると考えられた。そして実証的精神は「組織化すること」を目標とする。よって社会の道徳的再建のためにも，実証主義こそが適切であるとして，これを社会に普及させるべく科学の主要観念を総合的に教育する「普遍的教育」が必要であるとルフェーブルは主張する。

　ルフェーブルの証券理論は新たな証券取引の理論への強い探求心とコントへの社会学的思想とが融合して構築されたといえよう。

(2) 取引所の合理的な取引

　あらゆる商品の価格を決めて流通させる組織には3つのエージェントが存在する。卸売業者と小売業者，そしてブローカーである。卸売業者と小売業者との関係は直接会わなくても，店舗も持たないブローカーにより仲介される。パリ証券取引所では特にこのブローカーをクルティエまたはクルラティエ（courtier ou couratier）と呼ぶ。

　ルフェーブルによると金融市場（特にパリ証券取引所）は典型的な社会的

組織である。そして，円滑な商品の流通に役立たない取引は禁止すべきであるとした。その中で，商品の購入と消費が同時に行われる場合は現物取引でよいが，これが異なる場合は消費が将来の品物を消費するために先に購入の約束をする必要がある。ブローカーはこれを用意するために，新たなヘッジをしなければならない。ここにオプション取引が登場することになる。このようにオプション取引は単に投機的（ギャンブル）な取引でなく，商品取引の合理性の上に成立している。それゆえ，このオプション取引についての理論的研究の必要性を主張する。

(3) 条件付き取引の実例

　ルフェーブルの著書（1873）ではオプション取引の実例を含めて，価格体系を示している。これは驚くなかれ，現代の先物・オプション・グラフのダイアグラムで親しんでいる水準と同じである。いま，ルフェーブルが示したグラフを提示する。彼の取引の説明はグラフにより行われており，数式では展開されていない。そこに，彼の学問的限界性が潜んでいるかもしれない。いま，彼の条件付き取引を体系的にグラフで説明する。

　まず，彼の著書（1873）の図1では先物の買いと売りの収益（Y軸），相場（X軸）の関係性から債券の現在価格が56.5F（フラン）をグラフ化している。そして売り買いの一致（unité）により相場が決まることになる。つぎに図2のグラフを用いてコール・オプション取引の売買を説明する。プレミアム料は0.25F，権利行使価格56.45Fである。

　ルフェーブルはこの条件付き取引を用いて2つの応用を考えた。1つが図3のようにショート・ストラドル＝ショート・コール（コール売り）＋ショート・プット（プット売り）のコンビネーション（満期は同じ）をグラフ化してヘッジの機能が可能であることを示した[8]。これはパリ証券市場におけるオプションの有効性を主張するための分析である[9]。

　図4では利率5%の債券の決済日における多くの先物・オプション取引のポジションにより価格が変化することを示している。こうした価格変化は人間欲の投機ではなく合理的なリスク回避の投資手法であるとする。

　以上の説明からヘーブルは取引所取引について以下のようにまとめてい

第2部　証券・保険・協同組織金融の理論と思想

図1　先物取引

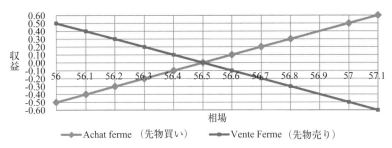

資料：Lefèvre（1863），pp. 224-225（fig. 2 & fig. 3）から作成[12]

図2　オプション取引

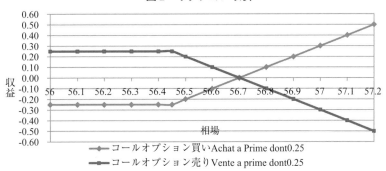

資料：Lefèvre（1863），p. 228（fig. 7 & fig. 8）から作成[13]

図3　ショート・ストラドル取引

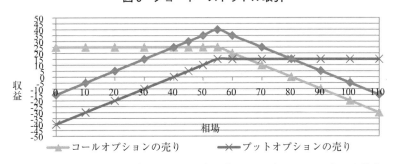

資料：Lefèvre（1863），p. 228（fig. 7 & fig. 8）から作成[14]

第4章　19世紀のパリ証券市場と証券理論

図4　相場の推移

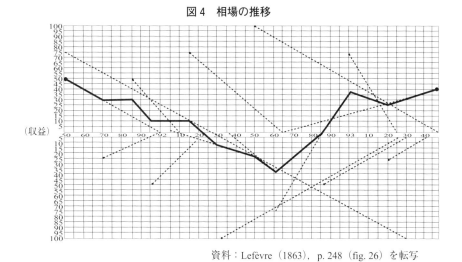

資料：Lefèvre（1863），p. 248（fig. 26）を転写

る。

「商業に利用される保険（先物やオプション[10]）がより難しく，より高いリスクになるなかで，社会の発展するために取引所の流通市場に投資するには取引所の機能を理解することが重要である[11]。」

3．ルニョーの証券理論

ルニョーの著書は『確率計算と取引所の哲学』（Calcul des Chances et Philosophie de La Bourse, 1863）のみである。この著書では2つの投機モデルからなる。短期の市場の観察からのランダム・ウォーク・モデル，長期の市場の観察からのノン・ランダム・ウォーク・モデルである。それぞれの証券理論を説明しよう。

(1)　ルニョーのアプローチ

ジュレ・ルニョー（Jules Regnault, 1834 - 1894）はブルッセルで生まれ，28歳の時，兄弟とともにパリに移り，その後，1862年，パリ証券取引所の

公認仲買人（agent de change）の使用人となった。このため，パリ証券取引所の相場，それに影響する情報について関心を持つようになる。1881年に証券界を去り，その後，家主となり財を成したといわれている。

彼は若いとき，社会学に統計学的方法を導入した「近代統計学の父」ともいわれたベルギー人のアドルフ・ケトレー（Adolphe Quételet. 1796 - 1872）に大きな影響を受けた。まず，ケトレーの最も有名な著書は『人間とその能力の発展について—社会物理学の試み』（Sur l'homme et le développement de se facultés, ou Essai de physique sociale, 1835）である。この中で，「平均的人間」（l'homme moyen：社会で正規分布の中心に位置し平均的測定値を示す）という概念を提示した。

ルニョーはケトレーの思想・方法論に依拠して，科学的と決定論的は同じであり，偶然は存在せず，自然界において恣意性は存在しないと記している。この決定論により完全な知識を持って研究に接近可能であるとする。

ル　ガール（Le Gall）（2007）によれば，ケトレーが「社会物理学」を確立したようにルニョーは「金融物理学」の構築を目指したとする[15]。

一方，ルニョーは従来の自然法理に対しても従順である。これは敬虔な信仰心に由来しているかもしれない。パリ証券取引所の価格形成は神の法理に従って形成される。よって投機も神の慈悲により将来の予見が可能であるとする。

このケトレー流の決定論と自然法理との2元的な経済思想において，ルニョーはどのように証券理論を体系化しようとしたのであろうか。ルニョーはまず，社会（＝世界のシステム）は神による数学の数で調和化されていると考える。すなわち，すべての数学的理論は必ずモラルと哲学を必要であると主張する。したがって，ルニョーは18世紀からの伝統的な「神の秩序を数学的に明らかにする」の解釈はケトレーのツールを受け入れたことになる。逆に，純粋に個人の行動に基づいて科学的な法則性を追究した点，ルニョーには自然法と科学との相克がみられる。まさに19世紀のフランス特有のナチュラル・エコノメリックス（natural econometrics）と呼ばれる潮流を引き継いでいる[16]。

(2) 短期的投機

ルニョーによると短期的投機はすべての投資者に対して同じ機会があるとして，以下のように述べる。

「取引所におけるギャンブル（le jeu）のメカニズムは上がるか下がるかの2つの確率（chances）からなる[17]。」

短期的投機はすべての投資者は同じ機会があることを意味するのでモラル的短期的投機モデルと呼ぶ。すなわち，現代的解釈に基づけば，市場のランダム・ウォークを想定している[18]。

こうしたことから，ルニョーは価格の偏差と時間との関係を明らかにしようと考えた。この結果が，株価変動は株価の平均偏差と時間の平方根に比例するとの法則である[19]。

この「時間の法則」（loi du temps）はケトレーの体重と身長または脈拍と身長との関係が平方根に比例するとの示唆に基づく[20]。

この理論に基づいて，彼は短期的投機に関し，以下のような見解に至った。

常にアクシデントの価格変動から利益を得ようとする短期的投機家は頻繁にかつ迅速に取引をする。しかし，その利益は些細なもので，取引手数料により資本は逆に減少してしまう。これを統計的に示して短期的投機を「破滅の法則」とする。もし「神のデザイン」を尊重するならば，長期的投機がより社会的に有用である。

(3) 長期的投機

ルニョーが考えている長期的投機は，人間の存在理由（すなわち労働）と深く関係する。労働の果実の累積として「真の投機」を定義する。短期的投機は即時的な利益の探求であるが，長期的投機は資本と労働の発展に関係するので，「真の投機」であると説く。

そこで，長期的投機について，具体的な価格推移の事例として3%の国債から分析してみよう。

まず，ケトレーに倣って社会学（証券市場）に実証的な統計的手法を導入して平均値，中央値を計算する。具体的な統計的実証について説明をする。

1825年から1862年の月別の利率3％国債の平均価格（高値と安値）を調べる。この期間の平均値は72.48Fであり，最高値73.05F，最安値72.20Fであった[21]。しかし，観察値では国債の平均価格は多くが73F近くにあった。そこで長期の国債価格の平均価格に関してルニョーは確率誤差（erreur probable）のアプローチをとる。すなわち，彼の観察した900のデータの中で最高値86.65F（1840年7月），最安値32.50F（1848年4月）であった。そのかい離は54.15Fであり，真の値が50％の確率で存在する確率誤差は標準正規分布から計算すると0.67であるので[22]

$$(1/\sqrt{900}) \times {}^{*}0.67 \times 54.15 = 1.20$$

となる。

このうち，約3/4があてはまるとして，72.48F ＋ 1.2 × 3/4 ＝ 73.40が確率的価格（la value probable）であると考えた[23]。

さらにルニョーは国債の価格と月別の観察値の数を図5のようにグラフ化した。

図5で示したようにグループ化した基軸（axes d'attraction）は

① 1948年の46F（政治的混乱）
② 1830年と1831年，1849年から1851年の57F（政治革命）
③ 1825年から1830年または1832年，1854年から1863年の70F（景気上昇）
④ 1833年から1847年，1852から1853年の80F（繁栄期）

の4つの価格（46F, 57F, 70F, 80F）が中心で，しかも取引量が大きかったことを抽出した。①と②異常値，③と④は正常値とのルニョーの認識である。これらの基軸周辺に取引が集まる傾向を「アトラクションの法則」（loi d'attraction）と呼んだ[24]。この法則は以下のような性格を持っている。

「すべての偏差において平均値に引き付けられる（attireé）国債の価格は平均値との距離の二乗に正比例する[25]。」

長期的投機は一般的に，経済・政治状況に見合ったアトラクティブな価格に収束する（安定状況）になる。しかし，それに外れて距離が大きくなるとその反動はその距離の二乗となる。これは短期的投機と同じである。

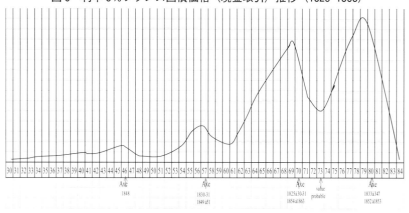

図5 利率3％フランス国債価格（現金取引）推移（1825-1863）

資料：Regnault, J.（1863），p. 167 から作成。

4. バシュリエの証券理論

　フランス人のルイ・バシュリエ（Bachelier, L. 1870-1946）は1900年に主著『投機の理論』を上梓した。この著書はまさにフランスのベル・エポック（bell époque）の初期の産物である[26]。19世紀後葉のフランスは一時期未曽有の不況に陥ったが，パリ証券市場では多くの外国国債や証券が取引され続けた。バシュリエは大学卒業後，証券関係に働いた経験があるといわれている。そこで働いて得た資金で再びソロボンヌ大学で数学を専攻した。バシュリエは学位論文として証券価格を金融工学的に理論化しようと試みた。指導教授ポアンカレ（Poincaré）はこの世俗的なテーマが好きではなかった。

(1) バシュリエのアプローチ

　当時は経済成長のツールとなる物理数学と幾何が重要視される傾向があり，この分野の専門家は盛んに熱伝導方程式（heat equation）のフーリエ変換とチャップマン・コルモゴロフ方程式が研究を行った[27]。こうしたことからバシュリエは国債の現先やオプションについてこれらツールを用いて理

論化を試みた。当時の歴史的背景とバシュリエの生い立ち（キャリア）が，ちょうど融合して金融工学を誕生させたといえる。バシュリエは『投機の理論』において，現代証券市場の基本的モデル（効率的市場仮説＝ブラウン運動とオプション連続型価格モデル）の数学的表現に成功した。しかし，その著書は死後20年経過して，はじめて米国のサムエルソン（Samuelson, P. A.）の発掘によって再評価された。また，サチューセッツ工科大学（MIT）の経済学者クートナー（Cootner, P.）は「バシュリエは卓越した研究者だった。投機的な価格の研究は着想時点で素晴らしい」と賛辞を贈った[28]。さらに複雑系の泰斗のマンデンブロ（Mnadelbrot, B.）は金融工学の元祖であるとして，同じフランス人に惜しみない称賛を与えた。

クートナーによれば，彼の業歴は証券価格を数式で表現したことであるとして
①チャップマン・コルモンゴロフの連続的確率過程の利用
②アイシュタイ・ウィーナーのブラウン運動（期待値ゼロ）の利用
③（確率の伝播）の解法としては熱伝導の偏微分方程式の解の利用
を挙げている。

現代証券理論モデルでも利用されている基本的アプローチである。

しかし，彼は数学的には卓越したアプローチ（またはテクニカル・ツール）を持っていたが，前述した2人と比較すると社会科学としての経済的および思想的な思考を見出すことができない。

(2) 投機の理論の体系

まず，バシュリエが『投機の理論』に関する基本的な考え方がIntroductionに記されているので紹介したい[29]。

「証券取引所の値動きを決める影響については過去の出来事，実際または予測の割引など多数あるが，これがその変動と明らかな関係が提示できていないし，相場にも反映されていない。変動は自然による原因もあるが，人為的な人工的な原因からも起きる。取引所は取引所内部の要因で動くが，さらに実際の変動は以前の変動のみならず現在の状態が作用している。これらの変動の決定要因は無限の要素からなり，数学的予測は不可能である。常に将

来の変動については買い手は上昇する，売り手は下がると信じている。

　それゆえ，確率計算は相場変動に適用できない。取引所のダイナミック（筆者加筆：相場変動）は科学なりえない。しかし，ある瞬間の数学的な静的状態を研究することは可能である。すなわち，瞬時の市場動向の分散の分布法則（筆者加筆：相場変動）の過程である。もし市場の変動を予測できれば，その変動を多少とも確率的に考えることができる。

　それを説明するための公式は今まで発表されていない。この論文の目的は公式化である。そのため，取引所取引に関する理論的な概念を確立する必要がある。そこには，その後の研究に不可欠で新しい有益な知識が加わることになる。」

　では，具体的にこの論文でバシュリエは何を求めようとしたのであろうか。バシュリエの理論を現代的証券理論モデルから解釈することにより，彼の証券理論の本質に迫りたい[30]。

　いま株価を確率変数として以下のように考える。

$$x_t = x_0 + \mu t + \sigma B_t \quad t \geq 0$$

上記式では確率変数 x_t は μ のドリフト項と σB_t の拡散項で（算術）ブラウン運動（B_t）[31]からなる。そして $\Delta t \to 0$ とすれば確率微分方程式（SDE：Stochastic Differential Equations）として表すことができる。

$$dx_t = \mu dt + \sigma B_t dt$$

バシュリエはドリフト項を考えずに拡散項のみを想定した。
それゆえ

$$x_t = \sigma dB_t \quad dx_t = \sigma \sqrt{t}\, \varepsilon_t \quad \varepsilon_t \sim N(0,1)$$

と考えた。

　彼は上記式の確率変数 x_t を（算術）ブラウン運動 B_t であることを数学的に知っていたからである。アインシュタインの量子物理におけるブラウン運動の論文が発表された奇跡の1905年よりも早い。そこで上記式から株価はブラウン運動（連続型時間）を離散型時間（以下，時間を省略）にすれば，ランダム・ウォーク（random walk）の動きをするとした。離散型であれば，株価と時間の経過に生起する確率 $p(x,t)$ については ${}_nC_r p^r q^{(n-r)}$ が示す2項

分布の展開式で表現できる。これを利用すればシンプル・オプションのスプレッド（プレミアム）価格と等しいとした。すなわち，単純なオプションの期待値はゼロであり，その価値は時間の平方根に比例するものである。

さらに，クートナーはバシュリエが確率過程を通して株価変動についてフーリエ方程式で定式化したことを高く評価する[32]。バシュリエの展開を示そう（記号は原文のままを使用する）。

まず，ブラウン運動に従うことを前提に時点 t_1 において時点 $t_1 + t_2$ での株価 z になる確率は

$$p_{(z, t_1+t_2)} = \int_{-\infty}^{\infty} p_{x-z, t_1} \, p_{z, t_2} \, dx$$

である。

よって株価 z になる確率密度関数 p は

$$p = \frac{H}{\sqrt{t}} \exp\left(-\frac{\pi H^2 x^2}{t}\right) \quad H = \frac{1}{2\pi k}$$

を得る（H は定数で k は比率係数で熱伝導係数に相当）。

さらに一般的な関数 $p(x,t)$ の期待値を以下のように導出した。

$$E[p(x, t)] \int_0^{\infty} px \, dx = \int_0^{\infty} (Hx/\sqrt{t}) \cdot \exp(-\pi H^2 x^2/t) \, dx = k\sqrt{t}$$

上記式はシンプル・オプション（将来価格と行使価格の差がゼロのオプション）価格でもあり，これは時間の平方根に比例する。

以上からバシュリエの証券理論をまとめてみよう。

① 株価はブラウン運動をする。これは離散型であればランダム・ウォークをするので，株価収益率は正規分布に従うことになる。すなわち「効率的市場仮説」をはじめて提唱した。

② ランダム・ウォークを前提にオプション価格モデルを導いた。バシュリエはオプション取引が売りと買いが公平な賭けになるような価格がオプションの適正価格（時間の平方根）であるとする。結局，お互いが確率的に損得ゼロになる価格である。サミュエルソン（1965）はバシュリエ理論に対数を用いてオプションの非負化を図った。さらにブラック＆ショールズ（B-S：Black, F. & Scholes, M.）（1973）によりオプション・モデルが

完成する。これはリーランド & ルービンスタイン（Leland, H. E & Rbinstein, M.）（1976）のヘッジ戦略のためのポートフォリオ・インシュランスの発案につながった。

むすび

　19世紀は産業革命が工業を驚異的に成長させて，さらに第2帝政時代のナポレオン3世のパリ改造の大型プロジェクトはフランスの証券市場を飛躍的に成長させた。そうした中で，投資家層の広がりはルフェーブルによるパリ証券取引所のオプション取引の公正化と有効性の理論化への試み，そしてルニョーによるパリ証券取引所取引の効率性についての理論化の試みが行われた。彼らは19世紀のフランス特有のナチュラル・エコノメリックス（natural econometrics）と呼ばれる自然法を依拠しながら証券取引の均衡，効率性を理論化した。しかし，彼らの理論は必ずしもが精緻でなく直感的な展開であるので，解読するには多くの補足説明が必要である。このため，一見すると，必ずしも学問的には高い評価は与えられないように思える[33]。このことは，当時，一般均衡理論の確立者であるワルラス（Walras, L）は『取引所，投機とその売買』（La Bourse, la Spéculation et l 'Agiotage, 1898）のなかで，ルフェーブルのテクニカルな証券取引方法と教育的啓蒙性についての先駆性に限定して評価を与えていることから理解できる[34]。

　一方，ルイ・バシュリエは経済的な嗅覚の鋭い2人の実務家の革新的な2つのテーマを先端の数学を用いて連続型モデル（特に微分と積分，統計学）というアプローチにより厳密化・明確化した。このため，アメリカの経済学者サムエルソンが歴史に埋もれていたルイ・バシュリエの証券理論を再評価して以来，数学者ルイ・バシュリエの証券理論は現代ファイナンス理論（オプション理論，効率的市場理論）の祖としての評価が与えられている。しかしルイ・バシュリエのツールは素晴らしいが，そこには社会科学的な思想・哲学が感じられない。そこにルイ・バシュリエの限界と物足りなさがある。証券理論は証券の単純な尺度計算のみではないからである。

　結局，19世紀の後半，近代証券理論の源流はルフェーブルとルニョーに

はじまり，ルイ・バシュリエの3人に求めることができるが，それぞれが限界性を持っている意味で歴史的においては相互補完的にならざるを得ない証券理論であった[35]。

注)
1) Jovanovic, F. & Le Gall, P. (2002)
2) Flaubert, G. (1869) の小説の『感情教育』は，この二月革命からルイ＝ナポレオンのクーデター事件までのパリを舞台とした小説である。当時の社会情勢がよく知ることができる。
3) パリ公式市場の上場時価 (1907年) ではフランスの国債・公債は全体の21％を占めている。フランス株式は 27.8％，外国公債 43.2％，外国株式 7.3％であった (Annuaire Statistique 1907, p.258. B.N.F, Gallica)。外国公債は19世紀後半に急速に増加した。
4) Zola, E. の小説『お金』(1891) は当時の投機に酔いしれたバブル経済の状況をよく写実している経済小説である。パリ改造時期，サッカールという投機家 (銀行家) の野心は地中海世界を征服するための鉄道網を作ることであり，その事業資金を生む銀行の株価を操作することになった。その主戦場がパリの証券取引所であり，人間の欲望が渦巻いた群像劇である。この素材は1882年のユニオン・ジェネラル銀行の破産である。
5) 当時パリ証券取引所は証券のほか，金，為替，その他の商品の取引を行っていた。
6) ルフェーブルは何が証券市場の科学かについて解明しようとした。当時，科学の用語，医学や生物学の発達が著しかったので，人体と証券市場との類似性を作ることを試みた。これは証券市場も他の科学と同様に自然法に支配されているとの考えからである。彼に従えば，脳が政府，血液は財と用益，神経系統は投機，心臓は証券市場，心臓弁はオプションであるとした (**次頁図** 参照)。
7) Jovanovic, F. (1983a)，p.172 (ここではルフェーブルの主幹の雑誌 (*Journal des Placements Finaciers* 22(2) (1870) の出稿でコントの引用が掲載されている)
8) ロング・ストラドル＝ロングコール (コール買) ＋ロングプット (プット買い) のコンビネーション (満期は同じ) のストラドルも説明をしている (Lefèvre (1873) p.242. fig20. を参照)。
9) なお，図3は先物の売りとコールオプション売り2つでも可能である。なぜなら (＝先物の売り＋コールオプション売り＝プット・オプション売りとなるからである。(Lefèvre (1873)，p.243. fig.21.の注)
10) 筆者加筆。
11) Lefèvre (1873)，p.250.
12) モデル式で示せばつぎの通り (筆者が提示)。先物買い R (収益) ＝ P_T (決済時相場) − 56.5　先物売り R (収益) ＝ 56.5 − P_T (決済時相場)。
13) モデル式で示せばつぎに通り (筆者が提示)。コールオプション売りの収益 R ＝

第4章　19世紀のパリ証券市場と証券理論

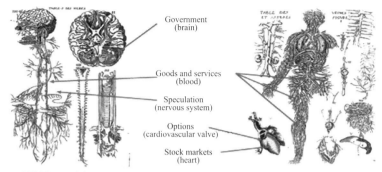

資料：HES/ AFA New Orleans, Jan. 4, 2008. Pioneers of Financial Economics1 . Geoffrey Poitras, Simon Fraser University, Franck Jovanovic, Université du Québec. slideplayer.com/ slide/ 4815476/

 Max（P_T- 56.45,0）$-$ 0.25，コールオプション買いの収益 R = Min（56.45 $- P_T$, 0）+ 0.25

14) モデル式で示せばつぎの通り（筆者が提示）。コールオプション買いの収益 R = Min（55 $- P_T$, 0）+ 25，プット・オプションの売りの収益 R = Min（P_T- 55,0）+ 15。

15) Le Gall, P.（2007）p.110.

16) 代表的な論者が le Gall, P.（2007）である。

17) Regnault, J.（1863），p.34.

18) Regnault は Le jeu de pile ou face という表現をしている。「ランダム・ウォーク」という用語は用いていない。

19) L'écart des coups est en rasion directe de la racine carrée des temps.（Regnault, J.（1863），p.50.）以下，現代的解釈として，以下，補充説明する。ランダム・ウォークにおいて，$E(P_t)=P_0+\mu t$（μが正規 i.i.d.〈独立でかつ同一の分布〉過程）のプライシング・モデルを考える。このとき $Var(P_t)=\sigma(\mu)^2 t$ と表現できる。すなわち，$\sigma(P_t)=\sigma(\mu)\sqrt{t}$ である。

20) Jovanovic, F. & Le Gall, P.（2002），p.136.

21) Regnault, J.（1863），pp.148-149.

22) 真の値50％の確率誤差は標準正規分布（下記式）から計算すると $a=0.67$ となる。

$$\int_0^a \frac{1}{\sqrt{2\pi}} e^{-\frac{x^2}{2}} dx = 0.25$$

23) 確率的価格とは中央値（la médiane）を意味するであろう。

24) 図5の参考として，19世紀の経済政治的イベントについて簡単に整理しておこう。1830 - 31 年（7月）王政復古　この頃，本格的な産業革命（特にリヨンを中心

とした毛織物）の開始。
1830 - 1848 年　2 月革命（第 2 共和政）
1852 - 1870 年　51 年から第 2 帝政　52 年ナポレオン 3 世の皇帝
1869 年　スエズ運河開通
1870 - 1940 年　第 3 共和政（この間 1882 年から証券取引所のクラッシュが 10 年間続いた
19 世紀末（1893 頃）から第一次世界大戦勃発（1914 年）までのパリが繁栄した華やかな時代であったベル・エポック（belle époque）と対比して，1920 年代をレ・ザネ・フォール（les années folles 狂乱の時代）と呼ぶ。

25) Regnault, J. （1863），p.187.
26) ただし，山田勝（1990）参照。
27) 18 世紀後半，産業革命において，イギリスのワットの機関車の発明は経済成長を支える動力として注目を浴びた。その中で熱伝導方程式が盛んに研究された。そうした中で，フランスのフーリエ（Fourier：1768 - 1830）もいわゆるフーリエ変換により，この方程式の解いた。

$$\frac{\partial u}{\partial t}=\frac{\partial^2 u}{\partial x^2}, \quad u(x,0)=\delta(x) \quad x：座標 \quad u：温度 \quad t：時間$$

を満たす $u(x,t)$ の熱拡散方程式の基本解は以下となる。

$$K(x)=\frac{1}{2\sqrt{\pi t}}\exp\left(-\frac{x^2}{4t}\right)$$

またチャップマン・コルモゴロフ方程式は $\{Xn, n \geq 0\}$ を推移関数 Px;y をもつ状態空間 S 上のマルコフ連鎖とするものとして下記のようにあらわされる。

$$P_{x,y}(n+m)=\sum_{z\in S}P_{x,z}(n)P_{y,z}(m)$$

28) Courtault et al.（2000），pp.341-353.
29) それ以外は理論モデル，グラフまたは数式の説明である。
30) 横倉（2002）を参考にした。
31) 確率変数 B_t について，微小の時間の変化を Δt（>0）に対する B_t の増加分を ΔB_t（$=\Delta B_{t+\Delta t}-B_t$）とする。このとき確率変数 B_t が以下の運動をするものとする。① $Bt=0$ から出発する。② ΔB_t は定常な独立増分を持つ。ΔB_t と ΔB_t は互いに独立であり，同じ確率分布である。③ B_t は時間に関して連続である。④増分 ΔB_t は N（$0,\Delta t$）である。この確率変数 B_t を標準ブラウン運動（Brownian Motion）という。
32) 時点 t における確率分布から時点 $t+\Delta t$ への移行の確率分布について，フーリエ方程式を利用して，p を区間（x,∞）の価格 x の確率として $c^2(\partial p/\partial t)-(\partial^2 p/\partial x^2)=0$ と表現した（ただし c は定数である）。さらにフーリエ方程式を積分すると確率の増加分となる。この展開は Bachelier（1990），P38.
33) 当時，アカデミズムの証券理論（取引所論）としては Courtois, A.（1877）が挙げられる（Jovanovic, F.（1983a），p.220）。
34) 「取引所の 取引の性格はかつては説明がなされていなかったが，LeFévre によりはじめて行われた。1873 - 1874 年にかけて彼は 3 つの著書を上梓した（『心理と社会

的機構』,『流通の機能』『取引所』)。それらの著書は取引所取引の厳密性は欠如しているが,グラフ化してわかりやすく説明している」(Walras, L.(1898), pp.459-460)。
35) 19世紀フランスの証券理論の研究の第1人者であるヨヴァノヴィッチ(Jovanovic, F.)はルフェーブルとルニョーの証券理論を高く評価している。

参考文献

Bachelier, L.(1900), *Théorie de la spéculation,* in Davis, M., Etheridge, A.(2006)

Courtault, J.M. et al.(2000) Louis Bachelier on the century of Théorie de la Speculation, *Mathematical Finance* 10(3), pp.341-353.

Courtois, A.(1877), Tableaux des Cours des Principales Valeurs Négociées et Cotées aux Bourse des Effets Publics de Paris, Lyon et Marseille du 17 Janvier a Nos Jours. Garnier Frères. Pairs

Davis, M., Etheridge, A.(2006), *Louis Bachelier's Theory of Speculation,* Princeton University Press, Princeton and Oxford. N.J.

Défossé, G.(1972), *La Bourse des Valeurs,* Presses Universitaires de France.Paris.

Ferrir, D. P.(1983), Le Marché financier de Paris sous le Second Empire, *Romantisme* 13(40), pp.41-52.

Flaubert, G.(1869), *L'éducation sentimentale,* Michel Lévy frères, Paris：L'éducation sentimentale Poche - 24 août 2013 Editions Flammarion(生島遼一訳(1971)『感情教育』上下　岩波文庫)

Jovanovic, F.(1983a), Economic instruments theory in the construction of Henri Lefèvre's 'science of the stock market', in Poitras, G. ed., *Pioneers of Financial Economics* volume 1, Edward Elgar. pp.169-190. Edward Elgar. MA,U.S.

Jovanovic, F.(1983b), A nineteenth-century random walk: Jules Regnault and the origins of scientific financial economics' and the random walk hypothesis, in Poitras, G. ed., *Pioneers of Financial Economics* volume1, pp.191-222. Edward Elgar. MA, U.S.

Jovanovic, F., Le Gall,P.(2001), Does God practice a random walk? The 'Financial Physics' of a nineteenth-century forerunner, Jules Regnault, *Euro. J. History of Economic Thought* 8:3, pp.332-362 Autumn 2001.

Jovanovic, F.(2002), Instruments et théorie économiques dans la construction de la "science de la Bourse" d'Henri Lefèvre", *Revue d'Histoire des Sciences Humaines*7: pp.41-68.

Jovanovic, F & Le Gall, P.(2002), Genése et Nature de la Sepculation: Les contributions de Louis Bachelier et de Jules Regnault à la Théorie Financiére et à l'Econometrie, in *Louis Bachiler, aux Origines de la Finance Mathématique,* ed., Courtault, M., Kabanov, Y., Besançon: Presse Uninersitaire Franc-Comtoises, pp. 165-202. https: //books. google. co. jp/ books?isbn=2859397620(1-27)

Hamonno, G.G., Hautcœur, P. C.(2007), *Le Marche Financier Francais au XIXe Siecle* Volume1,Publication de la Sorbonne.

Lefèvre, H.(1870), *Traité théorique et pratique des valeurs mobilières et des opérations de Bourse,* Paris, Lachaud.

Lefèvre, H.（1873）, Physiologie et Mécanique Sociales, *Journal des Actuaires Francais* 2, pp. 21-50 et pp.351-388.
Lefèvre, H.（1874）, *Principes de la Science de la Bourse*, Publication de l'nstitute Polytechnique, Paris.
Le Gall, P.（2007）, *A History of Econometrics in France*, Routledge Studies in the History of Economics, Routledge,New York.U.S.
Lehmann, P. J.（1997）, *Histoire de la Bourse de Paris*,Presses Universitaires de France, Paris.
Preda, A.（1983）, Rational Investor, Informative Prices: the Emergence of the 'Science of Financial Investments' and the Random Walk Hypothesis,in Poitras,G. ed., *Pioneers of Financial Economics* volume1, pp.149-168. Edward Elgar. MA, U.S.
Proudhon, P. J.（1854）, *Manuel du Spécualtion à la Bourse*,Garnier-Frèrer, Paris
Regnault, J.（1863）, *Calcul des Chances et Philosophie de La Bourse*, Maller - Bachelier & Castel, Paris（Nabu Press, 2010）.
Zola, E.（1891）, *L'argent*, Rougon-Macquart. Paris.（野村正人訳（2003）『お金』ゾラセレクション，藤原書店）
Walra, L.（1898）, "La Bourse, la Spéculation et l'Agiotage," Bibliothèque Universelle et Revue Suisse, 85th year, 3d period, 5, March, pp.452-476.
Quételet, A.（1835）, *Sur l'Homme et le Développement de se Facultés, ou Essai de Physique Sociale*, BACHELIER, IMPRIMEUR-LIBRAIRE, Paris（高野岩三郎訳（1942）アドルフ・ケトレー著『道徳的及び政治的諸科学へ応用された確率理論に就ての書簡（統計学古典選集〈第5巻〉）』栗田書店）
梅津博道（2006），「ナポレオン3世の経済改革」『北陸大学紀要』第30号，99-106頁．北陸大学。
大石 進一（1989），『フーリエ解析』（理工系の数学入門コース 6）第8版 培風館。
佐藤猛（2016），『証券理論の新体系』税務経理協会。
清水幾太郎（1978），『オーギュスト・コント―社会学とは何か』岩波書店。
高山朋子（1974），「フランス証券市場の生成・発展過程について：その株式会社との関わりを中心にして」『經濟學研究』第24巻第4号，119-168頁．北海道大學。
根岸 隆（1985），『ワルラス経済学入門』（岩波セミナーブックス）岩波書店。
横倉弘行（2002），「バシュリエ《投資の理論》の一考察」『商学論纂』第44巻第2号，155-189頁.中央大学。

第5章
保険におけるミューチュアル

岡田　太

はじめに

　保険におけるミューチュアルは，古くて新しい問題である。わが国の保険学説は，保険の相互（扶助）性または相互主義について否定的にとらえるのが通説のようである。一方，保険業界においては保険制度を説明する際，相互扶助の精神を強調することが多い。このような理論と現実のギャップをどのように解釈すれば良いのだろうか。制度とビジネスは別と考えるだけでは割り切れない思いが，問題意識の底に沈殿していた。本稿のテーマについてカタカナで「ミューチュアル」と表記した理由は，保険における相互性概念を再検討するにあたり，一度通説から離れて中立的な立場から考察しようとの思いが込められているからである。

　相互扶助には大きく2種類ある。すなわち，利己的な行為が他人に役立つというものと，利他的な行為が自分の利益となるというものである。保険におけるミューチュアルとは，前者を表す概念といってよいであろう。従来，保険の加入目的または加入者の意識は自助であって，相互扶助は存在しないと考えられてきた。しかしながら，保険加入者はみずから払い込んだ保険料が不幸に見舞われた他者に支払われる保険金の原資となっていること，また保険加入は加入者本人だけでなく他者の保障に役立つことを理解していると思われる。したがって，保険業界の相互扶助の精神は利己的な行為が他人に役立つという意味での相互扶助として理解することができるだろう。一方，保険学説が否定していたのは，後者すなわち利他的な意味で相互扶助を認識していたからではないだろうか。したがって，相互扶助をとらえる視点の相

違がそれをめぐる理論と現実のギャップを生み出したのではないかと推察される。

本章の概要は以下のとおりである。第1に，保険学説，相互保険などの既存研究のうち，その思想を意識しつつ整理を行う。そして，開発経済学などの研究をふまえ，保険一般のミューチュアルの概念について検討する。第2に，1990年代以降諸外国で主要な相互会社が株式会社に転換し，保険市場における相互会社の地位は相対的に低下したものの，保険業特有の企業形態としてなお重要な役割を果たしている。日本では，生命保険相互会社をめぐる相互主義の解明が保険研究の大きな課題であり，膨大な蓄積が存在する。そこで，相互会社のミューチュアルの概念について考察する。それをふまえて，相互保険の視点から協同組合共済とよばれる協同組合が行う保険をとりあげる。利他的な意味での相互扶助は通説の保険理論を超えるものであるが，協同組合共済の標榜する「助け合い」は利他性を含むべきものであると思料される。協同組合共済は，実践を通じて相互扶助の差異を明確にしていくことで，保険会社とは異なる存在意義が社会から承認されるのではないだろうかと考えるからである。最後に，第3に，海外の相互扶助・協同組合保険事情を概観する。

1．保険学説におけるミューチュアル

(1) 保険の定義と近代保険の系譜

日本に初めて広く保険を紹介した福澤諭吉は，「一人の災難を大勢に分ち，僅の金を棄て大難を遁るる」（福澤 1967, 68）とその趣旨を説明した。加入者間で損失を分担する仕組みのことを今日ではリスクの分散またはリスク・プーリングともいう。以下では，このような仕組みを「相互扶助」と仮定して考察を行う。相互扶助に精神的な要素を求める立場からすると，この仮定は適当でないが，それについては後ほど検討する。

代表的な保険学説（入用充足説，経済準備説，経済的保障説，予備貨幣再分配説など）をみると，保険の定義において「相互（扶助）」が明記されることは少ない。保険の理解を誤らせる恐れがあるため，その使用が避けられ

てきた経緯による。多くの場合，多数経済主体の「分担」または「結合」がそれに代えて使用されている。以下では，保険学説における相互扶助概念を考察するために，「相互（扶助）」を用いた保険の定義を2つ紹介したい。1つは，「保険とは，同様な危険にさらされた多数の経済主体による，偶然な，しかし評価可能な金銭的入用の相互的充足である」（近見 1988, 19）。もう1つは，「保険とは，家庭ならびに企業が，その経済的保障を達成するための予備貨幣を，社会的形態で蓄積する制度であって，多数の経済主体が相互扶助的に結合し，確率計算にもとづく合理的な分担額の拠出をその主たる方法とする」（庭田 1995, 36）。

前者の入用充足説について，金銭的入用は保険金によって充足されるが，財源は加入者の払い込んだ保険料であるから，相互の負担を通じてそれが充足される。1人の経済主体が行う「自家保険」（自己充足）は保険とみなされない。ゆえに，相互的充足は保険の本質的な特徴を表す重要な概念であるという。代表的な入用充足説者の1人であるマーネス（A. Manes）は，「保険とは，偶然ではあるが見積もりうる財産入用の充足を目的として，相互主義（Gegenseitigkeit）に立脚する経済施設である」（Manes 1905, 1，印南訳 1956, 198）と定義した。その後，相互主義または相互性について，「1人は万人のために，万人は1人のために（Einer für Alle, Alle für Einen）」（Manes 1930, 2-3）を意味すると説明した。この言葉は，スイスを初めヨーロッパで古くから知られ（村本 2014, 86-87），ドイツ農村信用組合の父とされるライファイゼン（F. Raiffeisen）が協同組合運動に引用している。マーネスもまた，保険加入者間に協同組合の組合員間と同様の関係性を見出した。この定義に対して，保険一般の相互性は保険技術的な意味におけるものであって，精神的な要素を含まないと批判された。マーネスはその後，相互主義から相互的充足（gegenseitige Deckung）に表現を修正したが[1]，彼の学説はドイツおよび日本に大きな影響を与えた。

保険の相互扶助に関する日本の議論を紹介しよう。1977年度（昭和52）日本保険学会の共通論題「日本の保険業を考える」で，司会の笠原教授が「現在の民間保険事業は助け合いの制度かどうか」について問題提起され，5名の報告者に見解を求められた（笠原 1978, 36-38）。これを受けて，保険業

界紙が多くの保険研究者を対象に同様の質問を行った結果，助け合いに否定的な回答が多数を占めたが，積極的な肯定論者も一部みられた（小川 2006, 82-86）[2]。一方，保険業界の相互扶助または相互性に対する考え方は，通説と異なるようにみえる。すなわち，保険制度の理念または精神として，相互扶助を掲げており，上述の「1人は万人のために，万人は1人のために」の言葉がしばしば引用される。保険加入者の自助意識と相互扶助精神のギャップが笠原教授の問題意識にあったと推察されるが（笠原 1978, 21-25），現在も保険業界の認識に変化はみられないように思われる。

次に，後者の経済的保障説について，当初の定義には「相互扶助」の用語はみられなかったようである。しかし，提唱者の庭田教授はその後の研究で保険の相互扶助性について論考を重ね，最終的に独自の相互扶助概念を示された（小川 2008, 29）。上記の保険業界紙の設問に対して，助け合い論を肯定しており（小川 2006, 63, 75），問題解明の動機になったのかもしれない。庭田教授によれば（庭田 1990, 78-79），相互扶助は動物や人間の天性として備わる相互扶助，小集団に必要な相互扶助，そして制度としての相互扶助の3つに分類される。制度的相互扶助とは，精神的要素はきわめて少なく，「大規模で，制度的で，必ずしも意識的でなく，いうならば機械的な相互扶助」である。保険制度は旧型の相互扶助（精神的相互扶助）に代わる近代的相互扶助（制度的相互扶助）として出現し，本格的な発展を遂げたという。また，両者の交わり具合が保険の性格に影響を与えると述べられている。このような見解に対して，「社会通念を逸脱した相互扶助観」（小川 2006, 77）という評価があるが，保険制度の相互扶助に精神的要素がきわめて少ない点においては通説と変わらない。

以上から，保険制度における相互性または相互扶助は保険を仕組む技術に過ぎず，精神的な要素を含まないと理解されている[3]。一方，原始的保険とよばれる前近代的な共済施設においては，その成員間で相互救済または相互扶助が行われてきた。両者の関係について，原始保険は近代保険の原型または起源であるため，両者に連続的な関係が存在するという学説がある。これに対して，「通説の考え方を厳密につきつめると，原始的保険を支える相互扶助理念が，近代保険にも生き続けることを承認するという論理的帰結を導

くことになろう」（水島 1994, 189）という理由から，両者の連続的な関係が否定される（田村 1990, 水島 1994 など）。近代保険の特徴として，確率に基づく保険料計算，保険契約および保険企業などがあげられるが，原始的保険との共通性は少ない。したがって，連続・非連続の判断は多数経済主体間の相互扶助意識つまり相互主義が近代保険に継承されているかどうかによる。イギリス，日本などの場合，近代保険の萌芽期から成立期にかけては相互主義がみられたものの，確立期に向けてそれが希薄化し，両者の関係が途切れたことが確認される[4]。資本主義経済の進行により，相互主義を貫徹することが困難になったからだといわれている（水島 1994, 195）。

(2) 共同体，市場，国家および中間組織

　財・サービスを供給する主要な経済組織は，共同体，市場，国家（政府）の3つである。同様の財・サービスであっても，経済組織の役割の違いにより何らかの影響をうけるかもしれない。保険の相互扶助をめぐる議論は，資本主義経済または市場経済における保険を前提に展開されているように思われる。以下では，開発経済学を参考に，経済組織の視点からこれについて考察することにしたい。

　まず，「人的な交流から醸成される信頼関係にもとづいて，人々の間に直接の協力関係を生み出す組織」（速水 1995, 255）である共同体は，地域公共財の供給において市場や政府よりも比較優位を持つという（速水 2006, 17）。地域公共財の1つに，災害や不幸を被った共同体の成員を救済する社会的セーフティネットの提供があり，「保険」（非公式の保険）がその機能を果たす。共同体のもとで等しく損失を負担するため，成員はある程度同質的な集団であることが望ましい[5]。このような「保険」（原始的保険）は共同体のなかに組み込まれており，共同体の存在・存続を前提とし，その範囲内で行われる[6]。経済発展にともない，かつて共同体が担った相互扶助の相応の部分が市場や国家にとって代わられている。保険史研究においても，近代保険が成立する契機として，共同体の解体を指摘されることが多い[7]。すなわち共同体のなかに埋め込まれた「保険」がそれから解放され，独立した商品として保険市場で供給可能となったことを意味する。

次に,「利潤を求める人々の競争を価格という非人格的なパラメーターによって調整する組織」(速水 1995, 254) である市場は,私的財の供給に比較優位を持つ。共同体の「保険」は,所属する成員すべてが便益を受けるのに対して,市場で供給される保険は加入者だけが便益を受ける[8]。また,市場の場合,保険加入者(保険団体の構成員)は共同体と異なり,価格機構によって形成される。このため,大数の法則が働くような多数の者が加入することが可能である。もちろん共通の関係を持ち,加入者間の相互扶助を目的とする保険を排除するものではないが,価格機構で優位性がなければ,そのような保険の存続は困難であると考えられる。近代保険の成立期に多くの相互会社または組合が出現したが,その根拠として逆選択とモラルハザード対策の優位性が有力に指摘されている (Smith and Stutzer 1995 など)。当時は法制度が整備されていなかったため,加入者間の信頼に頼らざるを得なかったからである。やがてそれが整備されると,成長を志向する相互会社において加入者間の関係性は希薄化していった。一般に,相互会社の規模拡大がそのような希薄化を促進させたと理解されている。しかしながら,上記の理由から加入者の希薄な関係においても保険経営が安定した結果,規模拡大が加速したという側面も見逃されるべきでない。

ところで,かつて保険加入者で形成される保険団体における加入者間の関係性について,保険研究者の間で議論されてきた[9]。近代保険は,テンニース (F. Tönnies) のいう本質意思に基づく「共同社会的結合」ではなく,選択意志に基づく「利益社会的結合」が認められる。すなわち,加入者間に精神的な結びつきはなく,相互関係を見出すことはできない[10]。

そして,「公権力を握る政府当局者が指令によって人々の資源配分を調整する機構である」(速水 1995, 254-255) 国家は,国防や警察のような純公共財の供給に優れている。もっとも,保険は有線放送や映画のようなクラブ財であるとされている。政府の供給する保険は市場の失敗を是正するために,政府の責任において実施されるが,公共財よりは価値財[11]の要素が強い。

政府が供給する保険の典型は社会保険である。それは,「職業,年齢,属性などで一定の範疇を形成し,その中において負担と給付の収支を計算し,保険料率(額)もしくは給付額を決定する仕組みであり,連帯の構図は当該保

険加入者間の相互扶助とみなすことができる」(品田 2012, 16)。ただし，私保険と異なり，社会保険は所得再分配の性格が強く，保険料が通常リスクに準拠していない。このため，相互扶助ではなく，社会連帯の概念で説明されることが多い[12]。

共同体，市場，国家（政府）のほか，これらの中間組織（アソシエーション）においても，保険が供給されてきた。マッキーバー（R. M. MacIver）によると，「コミュニティは社会生活，社会的存在のための共同生活であり，他方，アソシエーションは，共同の目的，つまり共同の関心や利害の追求のため組織される団体である」（高橋 2008, 115）という。企業，組合，宗教，教育または地域などのそれは，「自己決定権と社会的共同性を充足しながら，市場外に排除されるものをすくい取るセイフティネット」（長谷川 2014, 42）の役割を果たす。

古代ローマ社会にコレギアとよばれた葬儀組合，中世ヨーロッパの各種ギルド，17世紀末以降のイギリスの友愛組合[13]など，主に生命保険の起源として，多くの中間組織の存在が知られている。そして，3つの経済組織との位置関係により，中間組織の性格が異なる。たとえば，共同体の保障の弛緩により出現したとされる火災ギルドなどの共済的施設は，共同体を基礎または前提とする社会関係であり，その保障機能を補完する役割を果たした（水島 1962, 5）。また，市場との距離が近い日本の協同組合共済は，社会保険を補完する一方，価格機構において優位性を発揮した。

従来保険の相互扶助は，歴史的文脈のもとで解明されてきたようである。既存の研究との相違点は，加入者間で損失を分担する仕組み（リスク分散）は歴史を超えて存在すること，そして保険を供給する共同体，市場，国家さらには中間組織を含む経済組織の役割の違いにより，保険（「保険」）制度の性質（指導理念など）が変化しうることである。これらの保険を供給する経済組織の役割の違いに視座を置くことで，従来の保険学説とは異なる新たな知見が得られる可能性を示唆している。

(3) 給付反対給付均等の原則

保険料は将来受け取るべきことある保険金の数学的期待値に等しいという

「給付反対給付均等の原則」（das Prinzip der Gleichheit von Leistung und Gegenleistung）は，「レクシス（W. Lexis）の原則」ともよばれる。いいかえれば，保険料はリスクの大きさによって決まるのが公平（公正）であり，私保険の原理原則を表す。

上述の保険の相互扶助性については，「給付反対給付均等の原則」を根拠に保険の技術的または数理的側面からそれが否定される（笠原 1978, 25-26）。偶然事故の負担を保険契約者に配分するための規準は，保険金に扶助的な性質がなく，同様に保険料にも慈善的な性質がないということでなければならない（Lexis1909, 216)[14]。「誠に保険は資本主義の産物であって，保険に於ける加入者間の関係を支配するのは，do ut des の原理であり，給付反対給付均等の原理である。」（印南 1941, 153）。それは原始的保険との連続性を否定する近代保険と同じ文脈で理解することができるだろう。したがって，加入者間で損失を分担する仕組みそのものを相互性とみなす考え方とは視点が異なる。

ところで，リスクに応じて保険料を区分しない場合，低リスク者が高リスク者のコストを負担する。これを保険の内部補助といい，生命保険における男女同一の保険料率や年齢一律の保険料率が典型である。性別や年齢別によって死亡リスクに差があるため，期待値としての保険料も当然異なる。死亡保険の場合，若者世代が高齢者世代のコストを負担するため，相互扶助にあたらないようにみえるが，補助をする若者世代も将来補助を受けるため，その意味において世代間の相互扶助と考えられる。男女別料率についても，死亡保険と生存（年金）保険で男女のリスク関係は反転するため，男女間の相互扶助は成り立つ可能性がある。このように，加入者相互の内部補助において，平均保険料は「給付反対給付均等の原則」から外れ[15]，保険料や保険金には扶助や救済などの要素が含まれるとみなすことができるかもしれない。「原理的には一律掛金」（相馬 2013, 37）とされる協同組合共済は，相互扶助理念が体現されているという（相馬 2013, 18）。

一般に，リスク区分または分類は，リスクに応じた公平（公正）な保険料の実現だけでなく，それをしない場合と比べて市場経済における資源配分の効率性（総余剰）を高める効果がある。したがって，リスクを分類しない平

均保険料方式を採用する場合，別の原理が求められる。仮にこれを相互扶助原理とする場合，目的意識を欠く相互扶助は負担の仕組みにかかわらず相互扶助とみなされない（笠原 1978, 36）。したがって，加入者にそのような意識がなければ，保険の相互扶助性は否定されるだろう[16]。2011 年 3 月欧州連合司法裁判所は，男女均等待遇の実施に関する EU 指令の保険料率等の算定に関する適用免除規定について，それを無効とする先決裁定を下した（植月 2011）。これにより各加盟国は 2012 年 12 月 21 日以後に締結するすべての契約においては，保険料および保険給付金を算定する要素に性別を用いることで個々の保険料等に差が生じることのないようにしなければならなくなった。この意味において，平均保険料は相互扶助よりもむしろ加入者間の平等性を表すものとして理解されるべきなのかもしれない。

2. 相互主義とミューチュアル

(1) 相互会社制度

　日本の保険史を紐解くと，相互会社はとりわけ生命保険産業に大きな影響を与えてきた。このため，相互会社に関する研究は膨大な蓄積がある。以下では，制度的視点から相互会社の相互性または相互主義について考察を行う。

　1900 年（明治 33）保険業法（明治 33 年法律第 69 号）が施行され，それまでの株式会社にくわえて相互会社も保険事業を営むことが可能となった。法案を起草した岡野博士によれば，相互会社制度導入の理由として，「わが国の現状を考えるに株主が高歩の利益配当を貪り若しくは営利の競争上種々の弊害を含む株式組織の生命保険の外に相互組織のものを起し以て社会一般特に貧民の利幅を増進するの必要あるを感ずるなり」（岡野 1899）と述べられている。当時，保険料の計算基礎が不十分で，保険契約者の負担は大きかった。海外の生命保険相互会社が成長を遂げ，日本においても契約者に利益が分配される相互主義の保険会社つまり相互会社の出現を期待されたのである。

　相互会社は，相互保険（mutual insurance）を目的に設立された会社（社団

法人)[17] である。相互保険[18]とは，簡単にいえば，「社員が相互に行う保険」[19] である。保険契約者は相互会社の構成員（所有者）すなわち社員となる。そして，相互会社の社員は保険保護を提供されるだけでなく，それを提供する。相互会社の相互性（太田 1997, 21）または相互主義は，保険におけるリスク分担の仕組みに契約者が参加する点に求めることができる。もっとも，実際の保険の引受けは，社員が所有する相互会社が保険者となってそれを行う。対照的に，株式会社においては，株主が所有する株式会社が保険の引受けを行う。なお，相互会社の契約者はその所有者であるが，保険料と別に出資金を払っていない。保険料には出資の要素が含まれ，保険料の払込みと出資は一体をなすと観念されているからである。

相互会社の存在意義または理念は，実費主義の原則に基づき，可及的に安い費用で保険保護を提供することである。それは現在も基本的に変わっていない。18 世紀に保険数理が発展する前，ヨーロッパの相互保険組合は賦課方式を導入した。それは保険金支払い後に必要な保険料を受領する，保険料後払い方式をいう。賦課方式は実費主義の理想形といえるかもしれないが，契約者に不便さを与える一方で保険料受領のリスクとコストが大きい。その結果，保険数理の発展によって保険料を前払いし，配当としてその一部が還元される確定保険料方式が広がった。

契約者の他に所有者がいない相互会社の場合，保険業の最終的な損益は，すべて社員である契約者に帰属する。株主のような第三者の所有者に配当を分配する必要がなく，また株式会社における株主と契約者の利害対立の可能性を回避することができる。一方，外部のリスク負担者がおらず，株式会社のようにリスク負担に関して分業が行われない。負担のあり方に関して，純保険料を期待損失額に設定し，後で保険料の追納や保険金削減を行う方法があるが，契約者への負担が大きく適当でない。このため，相互会社はあらかじめ契約者から安全性を見込んだ高い保険料（割増保険料）[20] を受領し，剰余の配当を通じて契約者の実質的な負担を軽減する。つまり，事後の負担ではなく，事前の負担のほうが契約者にとって望ましい。剰余の分配が保険料の清算としての性格を持つことから，実費主義のメルクマールは配当最大化（保険料最小化）であろう。

ところで，保険契約者が会社を所有する相互会社の組織形態上の優位性について，ハンスマンの研究（Hansmann 1996）などが知られている。それによると，企業の所有者は契約コストと所有権のコストの合計が最も小さくなるような取引相手（パトロン）がなるべきである。保険契約者が所有者になることで，株主の機会主義的な行動から契約者の利益を守ることが可能だからである[21]。

　実費主義のもう1つのメルクマールは非営利性である。利潤追求を目的とする株式会社が提供する保険が営利保険とよばれるのに対応して，相互会社が提供する保険は非営利保険とよばれる。1902年（明治35）設立され，日本最初の相互会社として知られる第一生命は，創業理念に「非射利主義」を掲げた。営利企業は，対外的な事業で生じた利益を会社構成員へ分配することを目的とする。株式会社と異なり，相互会社の所有者は投資家ではなく，契約者であって，投資を目的に保険に加入するわけではない。相互会社は社員のために保険を引き受けること自体がその目的であるため，非営利であると理解されている。なお，株式会社において，契約者に利益の一部が還元される利益配当付きまたは有配当保険を提供することができるが，この場合，株式会社は相互会社の性格を帯びるため，混合会社とよばれる。相互会社の社員配当も超過保険料の払戻しであるならば，株式会社の契約者配当と同じであろう。したがって，所有者に対する配当は行われていない[22]と理解することができるならば，相互会社は非営利の要件を満たしていると考えられる。

(2) 相互会社制度の変化

　経済学の所有権理論において，企業の所有者は残余請求権と残余コントロール権を持つ。社員である契約者は所有者として残余利益（剰余）に対する請求権を持つ一方，そのリスクを負担している。すなわち，最終的なリスクの負担が剰余の分配を受ける根拠とされる。しかしながら，契約者保護の観点から，保険者と契約者の保険関係は相互会社，株式会社にかかわらず同じであるべきとされ，両者ともに同一の規整に服している。具体的には，保険業法の改正を通じて，相互会社の契約者が社員として負担する義務が廃止

されたことである[23]。したがって,「会社損失の社員への帰属は,原則として内部留保に対する社員の貢献分に限定される」(太田 1997, 23)。このように所有者としてのリスク負担が制限されるため,相互会社はリスク負担能力を高める必要がある。株式会社と比べて,自己資本を外部から調達することが困難な相互会社にとって,内部留保による自己資本の充実が必要である。また,保険関係が消滅して退社する場合,社員は内部留保に対する自己の貢献分(持分)について,全部払い戻されるか,一部払い戻されるかでリスク負担は異なる。前者はリボルビング・ファンド・モデル,後者はエンティティー・キャピタル・モデルとよばれる。日本の相互会社は後者を導入しており,会社に残された過去の契約者の貢献は,広義の自己資本として,相互会社全体でリスクを負担する役割を果たす。「世代間を超えての相互扶助」という見方もできるかもしれないが,現在の社員に帰属しないところの共有財産である。

次に,社員配当ルールの変化について概観する。すでに述べたように,実費主義の理念からすると剰余は原則としてすべて社員に分配することが望ましい。かつては相互会社の定款では,剰余金の 90% 以上を社員配当準備金として繰り入れられていた。その後繰入率は 1995 年(平成 7)保険業法改正により 80% 以上に緩和され,さらに 2002 年(平成 14)保険業法施行規則の改正により 20% 以上にまで引き下げられた。内部留保を強化するため,剰余金配当の水準について経営者の裁量に委ねられる範囲が大きく拡大した。内部留保の充実はフリー・キャッシュ・フローを増やし,経営者自身の効用を高めるような非生産的な支出(エントレンチメント行動)を行うインセンティブを与える恐れがある。経営者と契約者の利害対立(エージェンシー問題)を解決するため,契約者は経営者の監視機能を強化する必要があるかもしれない。剰余をすべてまたはそれに近い割合で社員に分配する理想的な場合においてはこのような問題は発生しない。また,過去の高い上限規制は利害対立を防止する役割を果たしていたと考えられる。したがって,社員である契約者の残余コントロール権の行使,いいかえればガバナンスの強化が求められる。

社員自治は,相互会社の理念を実現するという意味で,実費主義とともに

重要なメルクマールとされる。しかし，戦後，相互会社の最高意思決定機関である総代会制度の改善が図られてきたが，依然としてその形骸化が指摘されることが少なくないように思われる。

　以上から，相互会社の実費主義は継続企業として契約者に確実な保険保護の提供を前提に配当を行う姿に変化した。相互会社の現代的存在意義といわれることもある。相互会社は契約者が所有する組織形態であり，株式会社と比較すると所有者としての機能に限界がある。このように相互会社理念が変化した理由として，保険市場または競争環境の変化が考えられる。また，資本主義経済における相互会社の企業性がさらに前面に現れたからかもしれない。しかしながら，所有者と契約者のリスク負担に関する分業が不十分であるという組織構造上の要因にも着目すべきではないだろうか。

　相互会社の相互主義をめぐる変化すなわち形骸化について水島教授の一連の研究がある。戦後ほとんどの保険会社が相互会社として再建を行い，戦前の状況と一変した。これらは相互主義理念を志向する会社だけではなかったようであり，形骸化の萌芽はこの時期から始まった（黒木 2016）のかもしれない。もっとも，それが表面化したのは，生命保険業界の高度成長期以降であった。「経営政策における自立性を奪われた経営者は，契約者利益を第一義とした政策を実行する立場になかった。そしてそうした船団体制の居心地の良さに安住しつつ，成長路線を突っ走る経営政策の下で，相互主義理念は脇に追いやられていったのである」（水島 2001, 10）。当時，剰余のほとんどが社員に配当されたが，なお巨額の内部留保が蓄積され，保険利潤の社員への還元が阻まれていたからである。これを上述のエージェンシー問題とすれば，社員自治が弱く経営者支配を改善することは困難であろう。「船団体制の末期には，すでに，企業の経営目的システムにおいて，本来の相互主義理念は形骸化し，経営政策の策定に際して，『手段としての相互主義』が前面に立ち現れるに至った。…（略）…加えて，経営環境の激変の中で，企業結合の手段としての非相互化が論じられるという状況がある。このように見た場合，日本の生命保険市場において，相互主義理念は，大勢として，すでにその実体を喪失したとの感を深くする」（水島 2001, 22）。

　このような通説に疑問がないわけではない。たとえば，含み資産の還元に

ついて，保険原価を超える還元は公平性の観点から適当とはいえない。実際，相互会社の配当は一般の株式会社と同様，安定配当を指向した。規制緩和が進み，相互会社において無配当（非社員）保険が認められるなど，戦前のように比較的シンプルな商品体系と異なり，複雑化している。このため，上述のように，相互会社の実費主義は継続企業として契約者に確実な保険保護を提供することを前提に配当を行う姿に変化したが，それをどのように評価すべきかが問われている。

(3) 協同組合共済（保険）における相互性

1891年（明治24）相互組織である共済生命保険会社の設立が計画された際，共済生命保険会社を相互会社に相当する語として使用し，そこにミューチュアルのルビが付された（宮脇 1993, 154）。古くから，相互性の概念は「共に救うという」共済の語義との関連を持つと認識されていたことがうかがえる。1880年（明治13）上流階級の共済施設として設立された共済五百名社が1894年（明治27）共済生命保険に改組したが，1902年第一生命相互会社を設立する矢野恒太の影響を受けて，同社は非射利主義（相互主義）を志向した。近代日本数学界の基礎を創った藤澤博士は，「その組織の射利的なると掛金の格別に高きは生命保険の本色たる共済主義に背く」（藤澤 1889, 177）と述べ，生命保険の本質を共済主義と理解されていた。

このように，共済と相互（保険）にはそれなりの関係があるが，1900年（明治33）公布された保険業法では，株式会社と相互会社以外の組織形態による保険の営業は認められなかった。明治初期にいわゆる類似保険が濫設され，社会問題となったからである。そのため，ヨーロッパで認められていた小規模な相互保険組合も禁止された。協同組合の前身である産業組合は，保険業法を改正して保険組合の実現を要求したもののかなわなかった。このような規制問題から，協同組合の保険事業は，戦後制定された一連の協同組合法のもとで共済事業として行われた。

「相互保険の根本に存する原理は協同組合におけるそれと同一である」（野津 1965, 29）といわれるように，協同組合保険は，営利保険よりも相互保険と似ている。「組合員の組合員による組合員のための保険」[24]というその三

位一体性から明らかであろう。しかし，組合員が所有する単位（一次）協同組合が保険者となって共済の引受けを行う場合は少なく，大部分は単位協同組合などが所有する連合会（二次協同組合）が保険者の役割を担う。したがって，連合会と組合員は共済関係だけである。連合会も組合員のために行動すべきであるが，理論上，連合会の所有者である「単位協同組合」とその所有者である「契約者」との間に利害対立（エージェンシー問題）が生じる可能性がある。この点が相互会社と異なる。また，相互会社の場合，保険料の払込みと出資は一体をなすと観念されているのに対して，協同組合共済は共済掛金と（少額の）出資金を分離する。協同組合は，出資金に持分の要素がなく，利益分配も制約されており，（総有に近い）共同所有性がみられる。相互会社と同様非営利組織であり，掛金の清算は，割戻しを通じて行われる。ガバナンスも自治が原則であるが，連合会の場合，その構造が相互会社と異なる。

協同組合の相互性については，次の指摘がある。「近代保険としての協同組合は，形成される保険団体が相互扶助の性格を持つ相互扶助制度と言えよう。しかし，重要なことは，その相互扶助性は保険そのもの=保険の本質が相互扶助であることから生じているのではなく，保険者である協同組合の性格によるということである」（小川 2006, 93）。「共済には民間保険が追求する保険原理とは異なる，互助と連帯といった価値基準が働いており，このことが共済と保険における相違につながると考えることもできる」（宮地 2008, 1999）という指摘もされている。以上，相互性をめぐる両者の異同の論拠は，協同組合の原理・原則から導出されるのかもしれない。

(4) 保険における相互扶助とは何か

保険における相互扶助について考察する際，相互扶助の概念は自明とされ，検討されることはなかったようである。そしてそれがかつての保険の相互扶助をめぐる論争が深まらなかった主要因であったと考えられる。しかしながら，近年生物学や経済学などで利他性をめぐる研究が進んでおり，それらの知見をもとに相互扶助の概念を論考することは有益だと思われる。

たとえば，倫理学によると，相互扶助には他人のためにした行為が結果的

に自分のためになる「相互助け合い」の倫理と自分のためにした行為が結果として他人のためになる「相互保険」の倫理の2つに大別されるという（加藤 1993, 35-36，佐藤 2009, 7）。そこで協同組合共済（CO・OP 共済）の事例を紹介したい。前者の「相互助け合い」について，加入可能な年齢を過ぎた組合員から共済への加入について相談を受け，その動機を聞いたところ，「すでにいろいろな保険に入っているけれど，見直しや追加保障ではなく，『加入することで助け合いの輪に参加』し，少しでも CO・OP 共済に加入している誰かの助けになれば」と答えたという（コープ共済連 2009,6）。この組合員は共済に加入しても給付を受ける可能性はないため，一方的な贈与であり，返礼がなくても他人を助けようという利他心からの行為である（佐藤 2009, 7）。互恵性がないという点で保険の範囲を超えているかもしれないが，善行が喜びや成長など自己への返礼ととらえることができるならば，前者の例に含めることができるかもしれない。

　また，CO・OP 共済には，持病や障害のある人も加入できる告知が緩やかな保障がある。これまで，持病や障害のある本人や家族を持つ組合員は保険や保障をあきらめていたところ，共済に加入することができて喜ばれている。現在そのような保障が必要なかったとしても，今後もまったく不要であるとは言い切れないため，その存在は安心感をもたらす。当該共済に加入していないが，これも一種の「相互助け合い」の例といえるかもしれない[25]。後者の「相互保険」について，CO・OP 共済の「加入者の輪が広がれば，保障の内容が良くなる」という言葉には共済への加入を勧める職員のさまざまな想いが込められており，組合員もそれに共感する。加入は利己的な行為であるが，加入者が増えれば保障内容が改善され，将来の加入者だけでなく現在の加入者にも適用される場合があるため，改善の利益を全体で享受することができる。

　自助を目的に加入する保険の場合，必ずしも前者を否定しないが[26]，おそらく後者の意味での相互扶助に該当することが多いと考えられる。そのような保険加入は，一方で加入者の拡大をもたらし，大数の法則による事業の安定化に貢献する。その結果，他の加入者の利益になるからである。従来保険の相互扶助をめぐる議論においては，利己が利他につながる点が注目され

なかったのではないだろうか。加入者間の損失分担の仕組みそのものについて，1983年福武教授が大学生協連合会理事会で発したメッセージが注目される。「自分の出したお金が，自分にかえってこなくても，仲間の不幸のために使われたのだから，やっぱり入ってよかったといえるような共済にしよう（全国大学生活協同組合連合会 2009, 32）」。加入者が共通の紐帯を持つ共済においてこの言葉の重みが感じられるが，不特定多数が加入する保険にも適用できる。保険料について，「掛け捨ては損である」といわれる。通説によれば，事故が発生せず保険金を受け取らなかったといってそれは損をしたことにならない。契約者は保険料を対価として保障というサービスを購入したからである。むしろ，払い込んだ保険料は不幸に遭った誰かのために使用されるため役に立ったという認識を保険契約者が持っているかどうかが重要であろう。

　もう1つの視点は，社会連帯の概念である。フランスの連帯思想は現在社会保障の基礎概念として多くの国で用いられている。連帯とは，「同業集団の相互扶助に止まらず，人類全体に代表されるような広範で結束の固い全体への包摂を意味する」（伊奈川 2010, 47）という。ブルジョワ（L.V.A Bourgeois）によれば，人間の生活は過去および現在の人類の能力および活動の蓄積，いいかえれば社会（世代内および世代間）の相互依存関係のうえに成り立つ。そのため，人間は社会に対して債務を負って生まれ，連帯して（遡及的に同意がされたとみなされる準社会契約によって）それを履行する義務を負うとされる（伊奈川 2010, 54-55）。リスクや利益は契約を通じて相互に分配すべきであり，社会保険への加入は，無意識のうちに義務としての連帯を果たし，社会正義を実現する。したがって，社会保険における相互扶助は「義務としての相互扶助」を意味する。明治から昭和前期の仏教家，社会事業家として知られる渡辺海旭の「共済」思想は，大正時代にフランスの社会連帯思想が日本に広がるうえで重要な役割を果たしたという（島田 2016, 106-107）。

　共同体の相互扶助は，「本人の意思にかかわらず，ある状況が発生すれば自動的に発動される，いわば社会に組み込まれたルール」（田村 2008, 32）である。社会保険は社会構成員に義務を課してルールを社会に組み込む点で

共同体の相互扶助と対照的であるが，それを継承しているようにみえる[27]。これに対して民間保険への加入は，利己的または自助目的であろうと，保険として仕組まれた相互扶助に参加することを意味する。したがって，共同体，市場，政府の市場組織が提供する保険（「保険」）は，加入者の意思と切り離された相互扶助の制度であるという点で共通する。このように考えると，保険制度は本来的に，現代社会における自発的な意思による助け合いとは異質なものなのかもしれない。

　もっとも，助け合いは自発的なものまたは利他的のものでなければならないのかについては検討の余地があるように思われる。資本主義的市場経済の原理が個人の利潤追求であるとするならば，伝統的な共同体の原理は個人の利益最大化ではなく，全員の福祉ないし生存の保証としての相互扶助である。しかし，それは市場経済的な合理性からかけ離れているのだろうか（速水 1995, 272）。たとえば，東南アジアの農村にみられる行動規範「『分けあい』の原理とは，生産力が低く，市場が未発達で，リスクが高い段階における生活保障の必要から生じた規範であり，分けあうものが相互に利益があるがゆえに成立したもので，利他的・慈善的なものではない。」（速水 1995, 276）。したがって，共同体においても，戦略的視点すなわち利他的・博愛主義的な要素と利己的な要素がともに含まれているのである。なぜ保険業界が現在も事業理念として「相互扶助の精神」を掲げるのであろうか。その是非はともかく，欧米にはみられない日本文化の特殊性を反映しているのかもしれない。一方で，保険への加入が加入者全体の利益とともに保険会社の利益に貢献するという合理的な一面があるように思われる。

3. 海外のミューチュアル

(1) 世界の相互，協同組合保険の概況

　海外の大手生命保険会社が相次いで株式会社化した。日本では国内最初の相互会社である第一生命が2010年（平成22）株式会社化し，インパクトを与えた。現在国内の相互会社は，日本，明治安田，住友，富国，朝日の5社だけであり，すべて生命保険会社である。次に，直近の世界の相互組織およ

第5章　保険におけるミューチュアル

表1　協同組合・相互扶助保険組織のマーケットシェア・ランキング（2015年）

順位	国または地域	シェア（%）保険料ベース		
		全体	生保	損保
1	ノルウェー(28)	61.3	78.0(1)	40.
2	オーストリア(29)	61.1	54.4(4)	65.
3	オランダ(10)	51.0	18.9(16)	60.4
4	スウェーデン(21)	49.5	48.4(7)	52.4(6)
5	フランス(5)	47.4	41.3(10)	54.9(5)
6	デンマーク(23)	46.6	60.4(2)	18.6(27)
7	スロバキア(53)	45.4	48.0(8)	43.0(8)
8	ドイツ(6)	44.4	59.2(3)	31.4(16)
9	ハンガリー(51)	44.1	44.9(9)	43.1(7)
10	日本(2)	40.8	45.1(8)	26.2(19)
1	北米	35.5	31.5	36.4
2	ヨーロッパ	31.2	27.3	36.4
3	アジア・オセアニア	16.1	19.1	9.9
4	ラテンアメリカ	12.1	4.9	17.
5	アフリカ	2.1	1.3	
	世界	27.0	24.3	

国のカッコ内の数字は保険料収入ランキングの順位を表す。スイス再保険のデータを整理したものを使用。
生保・損保のカッコ内の数字はマーケットシェアのランキングの順位を表す。
ICMIFの会員でない会社（日本など）を含む。
（出所）　ICMIF (2016)

び協同組合保険の概況をみてみよう。表1は，国際協同組合保険連合（ICMIF）が調査し，公表しているデータより作成したものである。2015年の相互扶助・協同組合組織の保険料は1兆2000億ドルで，世界の保険市場におけるそのシェアは27.0%であった。なお，生保市場のシェアは24.3%，損保市場のシェアは30.4%である。従業員は110万人，組合員・契約者は9.6億人以上に達する。大手相互会社が株式会社化した後も，相互・協同組

合組織は一定の存在感を示しているようにみえる。また，国別の市場シェアをみると，ノルウェー 61.3%が最も高く，以下，オーストリア 61.1%，オランダ 51.0%の順に続く。日本は 40.8%で 10 位である。地域別では，北米 35.5%とヨーロッパ 31.2%が高いシェアを占める。

(2) EU の社会的経済とミューチュアル

社会的経済は，1830 年ごろフランスで生まれた概念である。1989 年 EC 委員会（EU 委員会の前身）の第 23 総局内に社会的経済組織の振興を目的とする社会的経済部局（Social Economy Unit）が設置された。以降，ヨーロッパに広がっていった。EU を代表する社会的経済の会員組織であるソーシャル・エコノミー・ヨーロッパによると，社会的経済の概念は，以下の共有された価値や特性によって表される。①個人と社会の目的の資本に対する優位性，②メンバーシップによる民主的な管理，③メンバー，利用者および一般（社会）の利益の結合，④連帯と責任の原則の擁護と適用，⑤持続可能な成長の目的と，メンバーまたは一般の利益の提供を遂行するための剰余の再投資，⑥自発的で開かれたメンバーシップ，⑦自律的経営と公的権威からの独立[28]。要約すれば，「人間，市民，個人を中心にした経済のことであり，経済に社会という視点を埋め込み，経済が抱える問題を規制・解決していこうというもの」（今村 2012, 48）である。

EU の社会的経済は協同組合（cooperatives），ミューチュアル（mutual societies），アソシエーション（associations）および財団（foundations）に大別される。ミューチュアルは，「出資金はないが，利用するメンバーによって所有される非営利組織」とされており，相互保険会社，住宅ローン貸付組合，医療保険組合，相互保険組合が含まれる。それらのうち保障に関するミューチュアルとして，保険業法に準拠する保険タイプと社会保障制度の補完する医療・年金タイプがある。ミューチュアルは，利用者（契約者）による出資がない点で協同組合と異なるが，利用者へ利用高配当を行う点で協同組合に近い（栗本 2011, 76-77）。また，各国で法体系が異なるため，組織形態や監督規制は多様である。したがって，ミューチュアルの統計的把握は困難であるが，欧州議会の調査報告書（Grijipstra, D et.al. 2011,74）を概観する

第5章　保険におけるミューチュアル

と，各国で歴史，経済および文化の面でミューチュアルは地域に根付く一方で，それぞれの国で果たす役割が異なる。この組織形態に適用される原則は重要で，価値のあるものとされるが，株式会社との競争により，イデオロギー的な特徴の喪失が懸念される。直面する問題または課題として，多様性のある市場の均一化が進み，株式会社と同質化していくこと，市場が集中化してミューチュアル組織と契約者との関係性が希薄化していくこと，ニッチ市場を指向することが指摘されている。

おわりに

　本章は，保険に関するミューチュアルについて再検討を行った。ある保険史の研究（Masci 2011, 48）によると，保険には4つの起源があって，その1つがアソシエーションの精神であるという。それは人間の公共心であるとともに，本源的な必要性を表す。次に，加入者間の損失分担の仕組みを相互扶助としてとらえ，その視点から学説を考察し，保険を供給する共同体，市場，国家（政府）およびそれらの中間組織によりどのような影響を受けるかを考察した。その結果，従来の保険学説と異なる視点からの説明や展開が可能となった。そして，保険特有の組織形態である相互会社の問題をとりあげた。現代の相互会社は契約者による所有が明確化されたが，反面所有者としての性格が弱まった。契約理論または所有権理論を相互会社に適用する場合，この点をふまえると現代的な相互会社の性格の解明に近づくことができるかもしれない。

　また，保険の相互扶助について，「誰も他人を救済しようとして保険に加入する者はいない」との認識が一般的である。相互扶助を他人のためにした行為が結果的に自分のためになることと自分のためにした行為が結果として他人のためになることに分けて考えることで，保険は主に後者の意味において相互扶助性があることの論拠を示し，従来と異なる結論を得た。その結果，なぜ保険業界が相互扶助の精神を理念に掲げるのか，その合理性を理解することができた。最後に，世界の協同組合・相互組織の保険市場を概観し，その多様性と今後の展望を紹介した。中間組織であるヨーロッパの

ミューチュアルが直面する課題のうち，営利保険との同質化と契約者との関係の希薄化は日本の協同組合共済にとっても同じである。本章の考察は不十分な点が多く，さらに検討を重ねる必要がある。

「現代社会における助け合いは本人の自発的な意思の発露である。保険はこれらとは異なる行動である。利用するか否かは自由であり，助け合いの意思は不要であり，仮に恵み深い気持ちがあったとしてもそれを生かす余地は保険制度にはない」（田村 2008, 32）とされる。その指摘は重く受け止めなければならない。それでもなお，矢野恒太が模範としたゴータ生命の創設者のアーノルディ（E.W.Arnoldi）の信条，「他人のために生きることはまた自らのために生きることなり（Für andere leben, heißt sich selbst leben.）」にどの程度共感できるかが今後の協同組合共済を含むミューチュアルの存在意義を明確にするうえでの示唆を与えているように思われる。

注）

1 ）『保険総論』（第 5 版）の定義は，「保険は同様に脅かされている多数の経済体が，偶然ではあるが見積もりうる金銭入用を相互的に充足することである」（Manes 1930, 2. 印南訳 1956, 199）。

2 ） 当時中年世代以降の研究者は，保険が相互扶助の制度であることに対して肯定的な見解が多く，保険を神聖視する心情が残っていたとの見方がある（庭田 1990, 25-26）。

3 ）「近代保険における相互扶助は，同質のリスクで構成されている保険集団の間で，確率的計算を根拠として結果として発生する相互扶助である」（堀田 2003, 113）について，「結果として発生する相互扶助」とは，「偶然の結果として，事故に遭わなかった者の保険料が，事故に遭った者に保険金として再分配される」（堀田 2003, 113）という金銭授受または仕組みを指す。

4 ） 他方，かつての相互主義は資本主義体制のもとで「技術的構造」それ自体すなわち現実の制度・機構のなかにビルトインされ，変質した形でとり込まれているとの見解がある（山内 1983, 121）。

5 ） 成員間に大きな格差が存在し，慈恵または慈善の関係にある場合，相互性がみられない。そのような集団はここでは想定していない。

6 ） 各個人は共同体の成員として土地とつながり，その規制に従う代わりに，不慮の事故や災害に見舞われた際，共同体による生活配慮を期待することができたという（水島 1964, 127）。すなわち，共同体の規制と困窮時の救済は一体またはコインの両面の関係にある。

7 ） 伝統的な共同体は前近代的な組織とみなされがちであるが，開発途上国では市場

と国家の失敗を補正し，近代的な経済発展を支える重要な役割を果たしている（速水 1995, 254）。ゆえに，社会保障および保険市場が未発達の国については，共同体の原理や役割に注目すべきことを示唆する。

8) 加入者以外に便益，費用をもたらす外部効果が存在する。
9) たとえば溝口（1941），溝口（1942）を参照されたい。
10) ただし，相互保険，協同組合保険および社会保険は共同団体性と利益団体性を総合した意味の共同団体性を有するという（近藤文二 1966, 35）。
11) 公共財と異なり，価値財は政府が供給するのが望ましいと判断されるような財・サービスをいう。たとえば，人は無知のベールに包まれ，将来のリスクを正確に判断することができないため，市場に任せると過少供給になるおそれがある。そこで，生存権の観点から社会保険が供給される。
12) 保険における相互扶助と連帯の異同については Wilkie 1997, 1042 を参照。
13) 救貧法による救済からの自立を背景に，「友愛組合は，都市化によって伝統的な社会的紐帯を失った民衆が，疾病・失業・老齢という社会的窮乏時へ対応するため，新たな相互扶助組織として結成したものである。民衆たちは，将来に予想される社会的災厄に対して，日々の糧から出資して協同の基金を募り，それを貯蓄していった」（長谷川 2014, 204）。
14) レクシスはすべての保険に固有で本質的な共通のメルクマールを4つあげ，その最後に保険契約者の負担について「給付反対給付均等の原則」が規準となることを指摘している（Lexis1909, 216，印南博吉 1941, 31-32）。
15) 「給付反対給付均等の原則」の適用には幅があり（相馬 2013, 37），原則の例外ではなく，範囲内としている。
16) レクシスは保険給付に法律上の請求権が与えられているという理由で，社会政策的保険は慈善的な経済施設ではないとしている（Lexis1909, 218，印南 1941, 31-33）。
17) 必ずしも会社に限定されるものではない。フランスやドイツの相互保険組合，また日本船主責任相互保険組合（Japan P&I Club）のように，組合などの組織においても相互保険を営むことが可能である。
18) フランスでは，相互保険は「同種の危険に直面する複数人が，互助的に災害による損害を補償しあうために出資金を共通に置く」（大塚 1986, 79）と説明される。
19) 法制度の考え方を紹介すると，「相互保険では，多数の人間が，ある危険を共同に負担する目的のもとに結集して団体を形成し，その団体（＝社団）を保険者として社員相互に保険を掛け合う。…（略）…相互会社の構成員は，全体として保険者となって構成員が被るべき危険を相互に負担し合う（＝相互性原則）という役割を受け持つのである。」（丸山 1997, 190）
20) ただし，創業期の第一生命は社費を節約し保険料の低廉化に努めた。
21) 20世紀前半アメリカにおける相互会社は，契約者保護が不十分な状況下において保険販売者の機会主義的行動から契約者を守る点で重要であったという（Hansmann1996, 285）。
22) もっとも，その場合，相互会社の社員配当準備金は現行のような剰余金処分ではなく，株式会社の契約者配当準備金繰入額と同様，損益計算書に表示されるべきであ

ろう。
23) たとえば，1900年（明治33）公布の保険業法では，社員の会社に対する債務（第37条）は①無限責任，②保険料を限度とする有限責任，③保険料および一定金額を限度とするものの3種類あったが，1941年（昭和16）の改正保険業法では，保険料を限度とする有限責任のみ（第44条）となった代わりに，定款に保険金額削減に関する事項を定めることが必要とされた。1995年（平成7）に全面改正された保険業法では，保険金額削減規定も削除された。
24) 協同組合保険（共済）の定義例として，「一定の危険に対して所有財産の保障手段を確保しようとする多数の組合員（財産所有主体）が出資によって協同組合を結成し，財産保障基金（共済資金）を形成するために組合員による自由で合理的なかつ公平な計算によって掛金を拠出し，組合員の経済活動を持続させるための制度である」（根立2002, 158）。この定義の特長は，協同組合員の性格と協同組合の目的（運営理念，運営原則）に適合するように，保険の定義の構成要素を使用されている点にある。
25) 保険・共済への加入は自由であるが，健康上の理由で加入が認められない場合がある。持病や障害を持つ家族にとって加入拒否は社会的排除につながる。一方，加入受諾は人間として認められたとの喜びに至ることさえあるという。相互性には，平等性または正義の要素が含まれている（ブライアン，平野訳1990, 114-122）。
26) イスラーム社会は，欧米諸国の伝統的な保険制度（とりわけ生命保険）に対して消極的または否定的であった。不確実性（ガラール），投機（マイシール）および利子（リーバ）というイスラーム法の禁止事項（ハラム）がそれに含まれていたからである。イスラーム保険は，保険契約，保険商品および保険業務においてこれらの要素を排除するよう工夫されている。アラビア語で共同または相互保証を意味するタカフルが典型である。イスラーム社会では，古くから困窮者を救済するために財産を分け与える喜捨が奨励または義務化されており，保険料を損害または不利益を被った者へ与える寄付金とみなしたのである。こうして，タカフルは相互扶助，連帯の思想に基づく相互保険および組合保険制度として社会から承認を得た。
27) 「『社会連帯』は，（前近代的な）相互扶助組織の発展形態である社会保険制度そのものを支える法理念」である（倉田2009, 261）。なお，カッコ内は著者による。
28) ソーシャル・エコノミー・ヨーロッパのウェブサイトにおける社会的経済の説明を参照した。http://www.socialeconomy.eu.org/social-economy（2016年11月15日アクセス）。

参考文献

Birkmaier, U., David Laster and David Durbin (1999), "Are Mutual Insurers an endangered species?," *Sigma*, No.4 Swiss Reinsurance Company.

Grijipstra, D et. al. (2011), The Role of Mutual Societies in the 21st Century. European Parliament The Secretary-General.

Hansmann, H. (2000), *The Ownership of Enterprise*, Belknap Press. Paperback edition of Hansmann, H. (1996), *The Ownership of Enterprise*.

ICMIF (2016), Global Mutual Market Share 2014.
Lexis, W. (1909), "Begriff b) wirtschaftlich," Alfred Manes (hrsg.),
*Versicherungs-Lexikon: ein Nachschlagewerk für alle Wissensgebiete der Privat- und der Sozialversicherung, insbesondere in Deutschland, Oesterreich und der Schweiz*J.C.B. Mohr.
Manes, A. (1905), *Versicherungswesen*, B.G. Teubner.
─── (1930), *Allgemeine Versicherungslehre (Versicherungswesen: System der Versicherungswirtschaft Erster Band)*, B.G. Teubner.
Masci, P. (2011), "The History of Insurance: Risk, Uncertainty and Entrepreneurship," *Journal of the Washington Institute of China Studies*, Vol. 5, No. 3, pp.25-68.
O'Brien C. and Paul Fenn (2012), "Mutual life insurers: Origins and performance in pre-1900 Britain," *Business History*,Vol. 54, No. 3, pp.325-345.
Smith, Bruce D. and Michael Stutzer (1995), A Theory of Mutual Formation and Moral Hazard with Evidence from the History of the Insurance Industry, The Review of Financial Studies, Vol.8, No.2, pp.545-577.
Tönnies, F. (1917), Das Versicherungswesen in soziologishcer Betrachtung.
Wilkie, D. (1997), "Mutuality and Solidarity: Assessing Risks and Sharing Losses," Philosophical Transactions: Biological Sciences. Vol. 352, No. 1357, pp. 1039-1044.
伊奈川秀和（2010），『フランス社会保障法の権利構造』信山社。
今村肇（2012），「社会的経済・協同組合とリレーショナル・スキル－境界を超える人材と組織のつながりを求めて」『農林金融』第65巻第9号，48-61頁。
印南博吉（1941），「レクシスの保険理論」『明大商學論叢』第30巻第4-5号，1-36頁。
─── （1951），「保険に関するレクシスの原理」『保険学雑誌』第378号，2-16頁。
─── （1956），『保険の本質』白桃書房。
植月献二（2011），「立法情報 EU 保険の男女差別免除規定は無効―司法裁判所判決」『外国の立法』第247巻1号。
太田尚克（1997），「相互会社法の改正の概要」大塚英明監修，住友生命保険相互会社企画調査部『コンメンタール新相互会社法』青林書院。
大林良一（1960），『保険理論』春秋社。
大塚英明（1986），「フランスにおける保険相互会社概念の変容とその論理」75-167頁。
岡田太（1997），「生命保険相互会社のリスク・マネジメントに関する一考察―リスク負担構造を中心に―」『保研論集』（生命保険文化研究所）第121号，203-232頁。
岡野敬次郎（1899），「相互保険に関する法案　岡野参与官の談話」『時事新報』9月9日。
小川浩昭（2006），「保険の相互扶助性について」『商学論集』第52巻第4号，西南学院大学学術研究所，59-98頁（小川浩昭（2008）『現代保険学―伝統的保険学の再評価―』第4章，九州大学出版会）。
─── （2008），『現代保険学―伝統的保険学の再評価―』九州大学出版会。
押尾直志（2012）『現代共済論』日本経済評論社。
笠原長寿（1978），「近代保険と『助け合いの制度』とのかかわり」『相馬勝夫博士古稀祝賀記念論文集　現代保険学の諸問題』専修大学出版局。

加藤尚武（1993）『二十一世紀のエチカ―応用倫理学のすすめ』未來社。
栗本昭（2011），「第 3 章日本の社会的経済の統計的把握に向けて」大沢真理編著『社会的経済が拓く未来―危機の時代に「包摂する社会」を求めて―』ミネルヴァ書房。
倉田聡（2009），『社会保険の構造分析―社会保障における「連帯」のかたち』北海道大学出版会。
コープ共済連（日本コープ共済生活協同組合連合会）（2009），『わたしと CO・OP 共済のちょっといい話』日本コープ共済生活協同組合連合会。
小林惟司（1997），『保険思想の源流』千倉書房。
近藤文二（1966），「共済思想と保険思想―保険思想史論序説―」『所報』（生命保険文化研究所）第 13 号，27-71 頁。
佐藤英明（2009），「臓器移植における互恵性」『中央学院大学人間・自然論叢』第 28 巻，3-26 頁。
佐藤慶幸（2007），『アソシエーティブ・デモクラシー：自立と連帯の統合へ』有斐閣。
品田充儀（2012），「第 1 章社会保険制度の特質と意義」菊池馨実編『社会保険の法原理』法律文化社。
島田肇（2016），「渡辺海旭の『共済』思想―全体的・国民的事業としての社会事業―」『共生文化研究』（東海学園大学）創刊号，91-115 頁。
清水耕一（2001），「社員配当の弾力化についての一考察―『生命保険をめぐる総合的な検討に関する中間報告』を素材として」『生命保険論集』（生命保険文化センター）165-193 頁。
下和田功（1968），「相互主義保険と営利保険―ヴェルナー・マールの所説をめぐって」『山口経済学雑誌』（山口大学）第 19 巻第 1 号，86-100 頁。
全国大学生活協同組合連合会（2009），『大学生協共済読本』（復刻版）大学生協事業センター。
相馬健次（2013），『共済事業とはなにか 共済概念の探求』日本経済評論社。
近見正彦（1988），「第 1 章総説」近見正彦，前川寛，高尾厚，古瀬政敏，下和田功著『現代保険学』有斐閣。
高橋道子（2008），「市民社会のコミュニティ・アソシエーション・コミュニケーションに関しての一考察：理念型「町内会」モデルで読み解く市民的公共性」『国際広報メディア・観光学ジャーナル』（北海道大学）第 6 号，113-134 頁。
田村祐一郎（1990），「第 12 章保険は昔からあった？―保険の歴史性―」田村祐一郎著『社会と保険』千倉書房。
――― （2006），『掛け捨て嫌いの保険思想―文化と保険―』千倉書房。
――― （2008），『いのちの経済学』千倉書房。
庭田範秋（1990），「第 2 章保険における営業性と福祉性―概論・その社会学的な解明と課題」庭田範秋編著『保険における営業性と福祉性』東洋経済新報社。
根立昭治（2002），『保険論』（改訂第 2 版）桜門書房。
野津務（1969），『相互保険の研究』中央大学生協出版局。
長谷川貴彦（2014），『イギリス福祉国家の歴史的源流 近世・近代転換期の中間団体』東京大学出版会。

速水佑次郎（1995），『開発経済学』創文社。
─── (2006),「第 1 章 経済発展における共同体と市場の役割」澤田康幸，園部哲史編著『市場と経済発展 途上国における貧困削減に向けて』東洋経済新報社。
福澤諭吉（1867），『西洋旅案内』下巻，慶應義塾。
福武直（1985），『大学生協論』東京大学出版会。
ブライアン・バリー，平野仁彦訳（1990），「相互性としての正義」カメンカ，イアン-スーン・ティ編，田中成明，深田三徳監訳『正義論』未來社。
藤澤利喜太郎（1889），『生命保険論』文海堂。
堀田一吉（2003），『保険理論と保険政策』東洋経済新報社。
松崎良（2011），「ヨーロッパにおける共済 – サードセクター論及び社会的経済論に重点を置いて – 」『比較企業法の現在-その理論と課題石山卓磨先生上村達男先生還暦記念論文集』。
丸山高行（1997），「第 3 款社員の権利義務」大塚英明監修，住友生命保険相互会社企画調査部『コンメンタール新相互会社法』青林書院。
水島一也（1962），「近代保険の歴史性」『所報』（生命保険文化研究所）第 7 巻第 2 号，1-15 頁。
─── (1964),『近代保険論』第 3 版，有斐閣。
─── (1994),「保険学における"神話"」『創立 60 周年記念損害保険論集』損害保険事業総合研究所。
─── (2001),「相互主義の終焉？」『文研論集』（生命保険文化研究所）第 134 号，5-23 頁。
宮地朋果（2008），「生協共済における環境変化と将来」生協共済研究会編著『生協の共済 今，問われていること』日本生活協同組合連合会出版部。
宮脇泰（1993），『保険史話―保険史の一側面―』保険毎日新聞社。
村本孜（2014），「One for all, all for one」『社会イノベーション研究』（成城学園大学）第 9 巻第 1 号，49-92 頁。
山内義弘（1983），「『相互会社と相互主義』について―水島教授のご教示に応えて―」『所報』（生命保険文化研究所）第 65 号，108-135 頁。
山下友信（1992），「第 6 章相互会社」竹内昭夫編『保険業法の在り方』上巻，有斐閣。

第6章

相互金融思想の史的展開と現在
―― ROSCAs の集団思想と協同組織金融思想との分水嶺――

長谷川 勉

はじめに

　協同組織金融思想における相互性あるいは相互金融における相互性の概念は，研究者・実践家の間でも確定することに困難を覚えるテーマである。困難さは，思想と実践における相互性理解の多様性，通史的視座からの統合された象徴的な相互性概念の曖昧さ，そして自然本能に基づく相互性概念等，と多岐にわたって表明されていることからも明らかである。特に，最後の自然本能は，ダーウィンから始まり利己的遺伝子そして最近の動物行動学まで百花繚乱であり，しかも何らかの形で社会科学に対しても影響を及ぼそうとしている。興味深いテーマではあるが，ここでの範囲と能力を遙かに超えるため，触れることはしない。

　そこで，前二者へとアプローチすることとするが，その際真っ先に挙げられるであろうスミスの同感論やクロポトキンの相互扶助論といった思想の解釈については別の機会に譲るとして，それらの具体的行為として相互金融史の中で代表的事例である ROSCAs（Rotating Savings and Credit Associations）を取り上げることにしたい。世界史的にもみて長い歴史を有する相互性を基盤とする ROSCAs は検討材料の宝庫であるからだ。そのため，ROSCAs に関する先行研究は多く見られる。地域の事例研究から始まり，理論および実証分析に至るまで蓄積されている。ここでの課題は，そうした蓄積をベースとして，これまであまり焦点が当てられてこなかった相互性に関する庶民の集団思想から言及し，かつしばしば同一種として括られる協同組織金融思想

との相違を明らかにすることを目的としている。なぜなら，ROSCAsは，しばしば協同組合の一種として説明されるが，その際協同組合としての特質を同時に説明することなく，単に社会集団としての共通性からのみ同一視しているに過ぎない場合が多い。しかしながら，その論理に立脚すると，ギルトのような同業組合あるいは結社のような集団と何ら変わるところがないことにもなる。

そこで，ROSCAsに通底する集団思想を解明し，協同組織の原則およびそのことを規定する思想にまで遡求することによって，異同を明確化させたい。このことによって，両組織をまたいだ相互性の有無ないしは思想的形態を確認できるからだ。ただし，ROSCAsは，今述べたように民衆思想であって，先導的かつ著名な古典的テキストが多く存在するわけではない。むしろ，口承的実践の連続といってよい。しかしながら日本のROSCAsである無尽講あるいは他国のROSCAsに通底する組織原理そしてその原理を支える庶民思想を断片的な実践の史実から明らかにすることによって，思想史研究の対象となるような古典の第1級の書物こそ残さなかったものの，できる限り，それをもって，上述の研究課題に接近したいと考えている。他方協同組織金融においては，いくつかのテキストおよび明文化された原則が存在し，それらを利用すれば協同組織金融側からははっきりさせることは比較的容易である。

また，ROSCAsへの考察および協同組織との比較を通じて，通底すると想定される相互性の抽出も試みたい。さらに，その途上において，信用市場において相互性が生まれるコンテキストの一部を明確化する予定である。そのことによって，ドイツに端を発する協同組織金融の思想的枠組みの頑強さを証明する一助となるであろう。

1. ROSCAsの型と成立条件

(1) 仕組み

ここでは，ROSCAsの実践から原理ないしは通底する思想をみることにするために，仕組みをはじめにみることにしよう。ROSCAsとは，ファンドに

第6章　相互金融思想の史的展開と現在

定期的に貢献を行い，順番にそのファンドの全体ないしは一部が与えられる仕組みに参加する者からなる社会集団のことをいう（Ardener, 1964, 櫻井 1962）。ROSCAs は世界中のほぼいたるところで確認することができる。また，多くの地域において，インフォーマル（日本・インドにおいてインフォーマルな無尽講から無尽会社へと展開した事例があるが，これらは稀有であろう。Sethi 1995, 全国日本相互銀行協会 1971）な集団である。

さらに，一般的には，発展途上国においてフォーマルな金融システムが未整備な場合，あるいは先進国において金融排除された地域ないしは集団において当該仕組みがみられる。

ROSCAs は，通常組織者（日本においては講元または親と呼ばれている）をもっており，集団における有力者，広範囲な金融手段を持っている者，そして資金ニーズをもっている者がなる。組織者は，ある集団内において参加者を募り，ROSCAs を組織する。人数は 10 から 300 人にまで及ぶことがある。集まった参加者は，一定の間隔で一定の金額を拠出し，一定の時点で特定の金額を受け取る仕組みとなっている。人数，金額，そして会合の回数は集団の性格に依拠している。なお，複数の ROSCAs に参加する者もいる。

(2)　Besley, Coate & Loury（1993, 792-794）の分類

彼らは，新古典派経済学的アプローチを行うために主として二つのタイプに分類して，その効用比較を行った。

ランダムタイプ（Random ROSCAs）

無作為型 ROSCAs は，ケーススタディから見れば最も普及しているタイプである。そこでは，参加者は ROSCAs の存続期間を通じて，毎回固定額をつぼ（pot）に入れるように，つまり拠出する。そしてポットの中身を受け取るためのくじが毎回引かれ，そのつぼの中身は無作為にメンバーの一人に分配される。次の期間においても同じことが繰り返されるが，前の勝者はくじ引きから除外される。プロセスは，除外されたメンバーとともに，メンバーのそれぞれが一度つぼの中身を受け取るまで継続する。最後の時点（全員が受け取った）で，ROSCAs は解散するか，もう一度はじめから行われ

る。初期のイギリスのビルディングソサイエティは，全ての組合員が家を建て終わると解散した。この点において ROSCAs に近く，ROSCAs の子という解釈が生まれても不思議ではない。なお，現金の受け取りではなく，耐久消費財の購入を目的とした ROSCAs も，経済的に見れば，受け取るものは同一であるため，仕組みとしてはこのシンプルな型に入るであろう (Shanmugam 1989, 356)。

ビットタイプ (Bidding ROSCAs)

彼らの分析のもう一つのタイプは，入札手続きを行うタイプである。つまり，つぼの中身を入札によって受取者を決定する方法である。それは，より早く受け取るために，毎月の拠出額を多くするか，他の参加者に一時に特定の金額を支払うか，あるいは割り引いた金額を受け取るかいずれかの形式をとる。

不確実性の世界においてイベントが起きる時点は不明であり，順番を待つ傾向も生まれる，これはイベントの発生に備えることから保険機能を有することになり，ビット型 ROSCAs のレーゾンデートルの一つとして考えられている。反対に，財に対する選好が高い参加者は，高い入札価格を提示し，早くつぼを落とそうとする。つぼを待つ参加者とは，逆のリスクと選好をもつ。したがって，ビット型の安定とは，異なった時間選好をもつ個人の集団でなければならないことになる。

分析結果と意味

ROSCAs は信用市場から排除されたが，社会的には連結されている集団による，不分割耐久財購入のための組織として理解することができるという。そして，ビットタイプがランダムタイプよりも，ポットの権利の配分として相応しいにもかかわらず，ランダムタイプが広く選択されている。その理由として，当該組織を持続させるという観点から，ビットタイプにおいては，もっとも社会的サンクションの低い参加者がポットを手に入れ，その後デフォルトを起こす可能性が出てくるため，逆にランダムタイプが選択されるのではないかという説を掲げている。また，メンバーの同質性が強ければ強

いほど，ランダムが選択されるとケースが多いとしている。ただし，依然として参加者は平等に果実を享受できているわけではない。

さらに，これらの研究者は，別の論文において（Besley, Coate & Loury 1994, 701-719），外部の信用市場との比較の中で，ROSCAsは一般的に効率的な配分をしていないと主張している。また，一般の取引において得られる利得と比べて不分割財の蓄積率において柔軟性がないということも指摘する。ただし，ランダムタイプは，信用市場と比較して，機会という点において価値があるかもしれないということであった。これは，貯蓄の効用という点に着目した結論であった。これらの研究は，後に様々な後続論文において利用されている。

Kovsted & Lyk-Jensen（1999）は，上記の分類を基に，外部からの資金調達コストとの比較において，参加者が異質な集団であるほど，ビット型が選択されるとしている。Callier（1990）は，金融市場の発達がビット型を優勢なものにすると述べていることからも，この研究を裏付けることになっている。

また，Hevener（2006）は，ランダムタイプは最初につぼを受け取るROSCAsの組織者を除けば，参加者にとって機会コストがかかりそしてつぼを受け取る方法もベストといえないことから，ローンのためというよりも，むしろ強制貯蓄のタイプとして考えられるべきであるという。他方，ビットタイプは，貸出と借入の要素を組み合わせたものである。この型においては，参加者は事前には借入にともなう利息については知らない。また，資本コストについても知らない。これは，フォーマルな金融機関との取引とは全く異なる仕組みであるという。まして，ROSCAsにおいては利率の表示ではなく，通常金額である。しかも，事前にどのようなタイプの借入者であるのかがわからないため（情報の非対称性），さらに入札金額が回毎に上下するため，参加者の効用は参加者自身にとっても予想を困難なものにしてしまう。にもかかわらず，Heveneは米国の移民社会におけるROSCAsの事例において，外部の信用市場利子率と内部収益率との比較によってそれらの差を明らかにし，この利子率の差がROSCAsへの参加の動機の一つであるとした。資本コストに踏み込んだ分析であった。

Low（1995）も ROSCAs は取引コストが最低であり，そこに有利性があるとみる。逆にいえば，比較取引コストが高ければ，存在しないことになる。また，Geertz（1971）も信用市場の発展にともない ROSCAs は消滅すると予言したが，逆にいえば，取引コストが低いことに存在理由があるということになる。

(3) その他の経済的・社会的分析

Anderson & Baland（2002）は貯蓄・消費の家庭内コンフリクトの解消にその存在を見る。簡潔にいえば，夫の消費選好のタイミングと妻のそれとの不一致である。夫に恣意的かつ専横的に資金を使われないためにも，家庭内女性の男性に対する戦略的な対抗手段として ROSCAs は機能していると考えている。

さらに，不確実性な環境において保険機能としても考えられる。先に見たようにビットタイプにおいは，必要なときにつぼを求めて，入札することができるからだ。Klonnner（2003）や Calomiris & Rajaraman（1998）はこのことをケニアとインドの事例からそれぞれ明らかにしている。

他方，上記の分析に対して異なった見解を主張しているのが Gugerty（2004）である。Gugerty は，一人では貯蓄することができない人々すなわち自己コントロールが困難である人々が貯蓄へのコミットメント技術を有する ROSCAs を求めていると，ケニアにおける実証分析から導出している。逆にいえば，不分割財の購入のためのファイナンス，保険そして家庭内コンフリクトを回避するために ROSCAs に参加するわけではないと主張している。彼女の分析は，経済機関として貯蓄機能に着目し，そうした貯蓄を促すメカニズムを協同で創設・維持している点に組織特性があるのであって，その特性を社会的・文化的・制度的なものに求めている。しかも，ROSCAs の参加者による自宅ミーティングにコミットメント技術を見いだす点において，従来までのアプローチとは異なるものを見せている。バングラディッシュのグラミン銀行による資金返済の方法と類似している。

ただし，ROSCAs の本質がこの点にあるのであれば，相互性という庶民思想は見いださせないことになる。あるいは，しばしばいわれる互酬性の仕組

みはない。その分析には，強制的に貯蓄を促す仕組みのみがあるだけだからだ。また，その理論の前提として，多くの研究がそうであるように，完全に同質な同一行動をとる経済主体を想定している。しかし，この制度は庶民の協同によって成立している貯蓄と貸出機能をもつ組織であり，時間選好による消費と貯蓄の個人間のずれを内包しているという事実は銘記しておくべきだ。単なる貯蓄金融機関に矮小化してしまうことは必ずしも全体の説明とはならない。

　このように発展した分析の多くは，新しい知見を生み出したが，根源的なROSCAsのレーゾンデートルに接近する試みとしては不十分である。また，同時に，思想上の相互性はこれまで明らかにされてこなかった。そして，参加者の非経済合理的行動，信用市場の発展にともなうROSCAsの消滅予言（Geertz 1971），資本コストから見て不均等な機会を享受し続ける参加者の存在に関して説明不足である。さらに，一部にはゲーム理論と個人主義的アプローチに終始しているため，集団を扱いながらもあくまでも一個の同質的な経済主体の功利主義的行動の和に焦点を当てている。これらの方法論に基づくと表面的には非効率であるROSCAsは信用市場の発達とともに消滅することとなるが，高度に発達した信用市場の下でも散在しているROSCAsを説明できないことになる。

　確かに，先進国対発展途上国，中心対周辺，そして包含対排除という二項対立の構図の中で，常に二項の後者の側に所属する集団がROSCAsを成立させている，という考えが先行研究の事例・思想において主流派であった。しかし，発展した地域において，中心に位置し，かつ経済的・社会的に包含されている集団であっても，ROSCAsに加入するという事例は，こうした先行研究に修正を迫る。例えば，Levenson & Besley（1996）の研究は，台湾においては所得が上昇するにつれて，ROSCAsへの加入が増えているというデータからの分析を明らかにしている。そして，経済的に不利な人々のための飛び地としてではなく，フォーマルセクターの失敗に対する合理的反応と見なすべきと結論づけている。

　また，日本においても，フォーマルな金融機関が整備された後においても無尽講が存立している地域もある。そこでは，ネットワークの維持が目的で

あって，食事会あるいは宴会等をともなうこともある。経済的目的に準じる社会的目的であったが，しばしば社会的目的が主となる組織の例であり，社会的・文化的要因に規定された集団の特性が強く反映されている。結節点あるいは中間組織として ROSCAs の社会的機能，場合によっては政治機能が発揮されている。

これらについては ROSCAs そのものも，コンテキストに適応して，多様化しているとする，ROSCAs のハイブリット論を唱える Bouman（1995, 380）について付言することで，解答の一端に触れることが可能であろうが，別の見方をすれば，先行研究の多くが示した経済学的アプローチを超えた領域に，ROSCAs の存立条件あるいは形態を規定する要因の一部があると考えることも可能であろう。

そこで，以下においては，このことを含意した上で ROSCAs に関連するソーシャルキャピタルをみることにしよう。

(4) 何がこの集団を成立・維持させているのか―ソーシャルキャピタル

先行研究における経済分析の多くは，参加者動機および動機を実現するための機能と結果に重点を置いてきた。これらの研究は動機の多様性を明らかにしたかもしれない。しかし，それは，個々の経済主体の動機を追及しただけであり，集団における個人，あるいは集団思想に迫るものではない。持続性を含めた存在を確実なものにする ROSCAs の核心に迫っているとはいえない。そこで，この研究の前後に時々見られた研究視座を集めて，ソーシャルキャピタル分析として統合した考えを示すことにしよう。

まず，Biggart（2001）による経済社会学アプローチによる解釈的比較分析をみると，以下のように ROSCAs の成立条件を分類している。これらは，世界中の事例を解釈学的に整理し，共通項を抽出したものである。

①コミュニティベースの社会秩序-ROSCAs は社会構造が強い共同体的結びつきの上に立脚している。Roberts（1994）も同様のことを述べている。逆にいえば，個人主義の強い社会にはみられない。そこでは，人々の結びつきが弱く，個人の努力によって金融・職業の可動性が達成されると信じ

られている。
②生来による集団義務−返済しないという行為は，参加者だけでなく参加者の家族の名声を汚すという意味において，家族全体によって返済されるという集団義務を負っているROSCAsの地域は多い。また，拡張され集団の組織者が責任を負う場合もある。そして，こうした集団義務が共有されるために，しばしばあらゆる種類の物質が成員間で交換され（貸し借りが交互に発生する），その感覚が拡張される（Rowlands 1995, 117）。負債は，解放されるどころか，常に負わされることになる。負債は根本価値を有している。つまり，返済あるいは支払い義務は集団的に規定される。
③社会的・経済的安定性−潜在的参加者は安定していなければならず，そうでなければ排除される。そして，それは地域という限定された空間において情報生産が可能であることによって成立する。例えば，職を得ていることと並んで，離婚は組織から排除される可能性が高く（Cope & Kurtz 1980, 229），逆に子供がいることは参加と結びついている。
④社会的・経済的孤立−地域・人種上の金融排除により成立した空間には，ROSCAsはしばしば見られる。例えば，金融市場が高度に発展した国においても，マイノリティーの居住地域にはしばしば見られる（米国においては，Light & Zhong 1995, Maynard 1996）。また，性別上の排除もしばしばROSCAs成立の動因となり（Mayoux & Anand 1995, 187），ROSCAsの女性参加率は高い。
⑤社会的地位におけるメンバーの類似性−異なった社会的地位の人々によって，ROSCAsが形成されることはほぼない。

　彼の提示したROSCAsの成立条件は必要条件を満たしていることは，従来までの豊富な事例が十分証明している。
　ただし，上述した考え方は要素を単に並列に列挙しているだけで，それぞれの要素の相互連関に欠けており，また欠落した要因もある。そこで，ネットワーク，信用，信頼，協同，そして慣習というソーシャルキャピタルの用語を用いて再構成してみよう。
　まず，ROSCAsの成立前提は，同質的な参加者から構成されるネットワー

クの存在である。何らかの共通項を共有している場合が多い。そして，一般的にいえば，つながりの度合いは強い傾向にある。例えば，親族・血族で構成されるROSCAsは最も強いといえる。少数派民族のそれも同様であろう。

そして，こうしたネットワークを土台として，協同行為が集団的に繰り返され，相互認知と信頼そして行為と心の習慣（Bellah & Madsen 1988）が蓄積されるようになる。これらの行為と状態にはしばしば互酬性がともなうことが多いが，見返りを期待しない利他的な行為もある。協同行為は，資金拠出，資金の借入（つぼの受取），会の開催，その他の管理事務であり，定期的かつ継続的に行われる。そして，そうした場を通じて，参加者はビジネス，互いの返済能力と意思，そして生活情報を交換する。さらに，このような取引と交換に併せて，感情が交流し，土台となっている集団ネットワークの強化へとフィードバックされる。

このようにROSCAsは土台となっている集団のソーシャルキャピタルを利用あるいは費消するが，同時にその行為を通じてソーシャルキャピタルを生産・蓄積する。つまり，二つの組織の関係はこの資本を巡って相互依存関係にある。日本において，経済機能の役割をほぼ終了したにもかかわらず，無尽講が存在している地域があるのは，その社会的機能，すなわちソーシャルキャピタルに関わる機能を維持および生産しようとする集団行為が働くからに他ならない。

このようにしてみると，例えば，ミーティング一つ取り上げてみても，経済学においては情報生産活動としてのスクリーニングとモニタリング活動となるが，社会学においてはネットワーク維持機能となり，いずれもROSCAsの存在に欠くことのできない集団行為であることがわかる。庶民の集団思想を解釈するに当たって，銘記しておくべきであろう。

2．日本の無尽講＝ROSCAsの思想

上記のことから，ROSCAsの技術的工夫とそれらを成立させる経済的・社会的条件特にソーシャルキャピタルにおける個々の働きは理解できた。それらを基に，日本の歴史的事例を考えてみよう。これらは，今までの分析とは

異なり，ROSCAs に新しい視点特に相互性の観点を与えるはずだ。ただし，これらの活動が日本独自のものであるということはできない。世界におけるROSCAs に参加する民衆・庶民にはしばしばこれから述べる同様の集団行為と思想がみられるはずだ（Sexton 1982）。

(1) 日本の相互性と互酬性

無尽講の周辺の集団思想と実践をみることにしよう。それは，相互性・協同の普遍性と無尽講との共通性を明らかにしてくれるであろう。

モヤイ

モヤイは，舫あるいは模合という漢字が当てはめる場合が多い。モヤイは，モヤイ網，モヤイ船，モヤイ山そしてモヤイ田等と，様々な経済生活のシーンにおいて実践されてきた。モヤイ網は，村人たちの中で，自然に集まった人々が共同で網を購入あるいは製造し，共同で漁を行い，そして平等に漁獲物を配分する集合行為を指した。モヤイ山は，村あるいはもう少し小さい単位の集落で共同所有する山のことをさす。この山では，萱，飼料・肥料のための草等が育てられ，共同で管理されていた。そして，不断は入会が制限されているが，必要なものが抽選あるいはその他の方法によって刈り取りすることが認められており，その際は，村人は共同してそれらの作業を手伝う場合もあった。モヤイ田も同様であったが，しばしば神社等の祭祀の費用に充てられたりしたという。

このように，モヤイとは，日本の近代までにおいて，農山村においてしばしばみられたし集団行為であった。その性格は村人たちの共同出資，共同所有，共同管理，共同労働によって表すことができるものである。したがって，しばしば，動詞化したり，あるいは共同して行う行為に対してしばしばこの名称が用いられたりした。

ユイ

ユイとは結びつきを表す言葉ではあるが，例えば，派生的には現在においては結納であり，ユイから派生した言葉である。結納によって互いの家族が

143

結びつき，助け合おうという考えである。

　このように，ユイとはお互いの労力を提供し合うことを意味した。労力の提供に対するお返しは労力でなされなければならなかったが，即座である必要はなかった。他のもので返すということは，厳しく戒められ，返さなかったり，また相応のものでなかった場合には，時に制裁を受けることになった。労働力の交換は一応等価交換であるが，時代を遡れば遡るほど，おおよそであったが，貨幣経済が浸透し，様々な生活領域において計算する習慣が根付くにつれて厳密なものになっていった。ただ，初期においても不等価交換が続けば，やはり村八分等の制裁の対象になった。

　ユイは，地方において様々な言葉によって用いられていたが，今日でも比較的みられる現象である。例えば，田植えや稲刈り等における農事に関する相互による労働力提供，家の普請への助力，そして冠婚葬祭への労力提供等である。葬式を手伝ってもらえば，いつかは葬式の手伝いによってお返しし，交換を完遂した。もし，見合った労力による提供が行われなかったならば，批判という社会的罰を受けることになる。これは参加者＝民衆にとって名声を貶められる一大事であった。ゆえに，受けた労力に対する相応のお返しは何にもまして重要なことであった。

　なお，テツダイという無償労働の提供は互酬性の点から見れば異なったものでる。

(2)　頼母子講・無尽講の思想

無尽講の仕組みと機能（櫻井 1962）

　日本の ROSCAs は，最初に述べた ROSCAs の仕組みと大きく異なるところはない。しかし，Bouman (1995) がこの組織のハイブリット化あるいは多様化を指摘していたが，日本においては江戸時代においてすでにこの事実を確認することができる。無尽講を内包する様々な講に話が及ぶならば，モヤイ・ユイばかりでなく，多くの種類の民衆の福利のための相互性の集団組織を見ることができた。

　さて，頼母子・無尽講のはじまりは，鎌倉時代にまで遡るといわれている。モアイとユイを実践している民衆が同じ心の習慣をもって，金融の領域

において行っているのがこれらの金融講である。ゆえに，提供するものが，カネか労力かの違いとなる。最も，モヤイにおいても無尽講のような形態がなかったわけではなく，その点においては両者の境界は曖昧となる。また，コンテキストによって，拠出するものもカネであったり，物品であったりする。無尽・頼母子講の目的・形態は様々であり，またその仕組みの中で演じるメンバーのそれぞれの呼び方も時代・地域において様々である。一般的には，発起人を講親・親元・親方（時代・地域によって名称は様々である），参加者を講員または子方，また発起人の資産上の信頼度が低い場合，親受人（講脇）という保証人をおいた。親がいない場合もあった。欧米の主要な文献は，地域を中心に親族から住民へと広がる参加者を前提としているが，日本においては，会社等の社員同士，友人そして同業者までも含んでいた。つまり，およそ集団であれば講を起こすことは可能であった。海外においても，エジプトにおいて銀行員によるROSCAs，アフリカでビジネスパーソンのROSCAsが報告されている。

　目的は，自然災害に対する救済，個人的不幸に対する援助，財購入（生活用品等），冠婚葬祭，神社等の祭礼・その他の宗教行事のための用具の共同購入等，事業（牛，網，船，農機具等）のために講が作られる。最初の二つの場合は，集団思想による慈善的性格が強く，一回限りとなる場合がある。すなわち贈与が行われるのであり，しかも見返りを求めない贈与であることが多かった。これから述べる一般的な形態とは目的が異なる。また，付随的目的として，様々な意味を含んだ会うことも目的となっていた。封建社会においては，特に会合は制限されていたこともあり，講会は重要な機会であった（櫻井 1962）。

　資金の受取方は，基本的には，時間軸と空間軸をとれば，現代に近づき・大都市に近づければ近づくほど，ビット型となり（順番の遅い参加者にとっては利殖的貯蓄手段の獲得），逆においては，慈善的なものが目立った。

　一般的には，無尽講は，講員が講会に集まり，講員は一回目の資金を拠出する。集まった資金を籤ないしは最も必要な人が資金を受け取る。しばしば組織者（親）が受け取る場合が多い。二回，三回と講員の数だけ，会が開かれ，資金を拠出し，順番に資金を受け取る。こうして，全員が受け取った段

階で講は終了する。資金を受け取る形式には，近世後期において，すでにビット型とランダム型の両方がみられた。しかし，この両方においても，必ずしも必要なときに資金調達が可能となるわけではない。参加者の時間選好は異なる。そこで，無尽売買・無尽担保というような権利の譲渡が行われたり，あるいは新しい無尽創設がなされた（森嘉兵衛 1982, 202-203）。つまり，複数の無尽講に加入することで資金需要のミスマッチの解消を図った。また，剰余金の発生もあった。

　さて，無尽講はどのよう維持されたのであろうか（講つぶれの防止），という問いには，すでに一定の解答を出してきた。日本においてもある程度その解答に従うことができる。事前として，基本的に講はお互いに知っていなければならない（相互認知），そして相互信頼が求められてくる。したがって，特定の集団を超えて講が組まれることはほぼ無かった。その上で，返済能力と返済努力に問題が生じていた場合，講に参加できないか，何らかの保証を求めることが多かった。そうしたことは，文書で取り決めた場合もあるし，口頭の場合もあった。明治以降においては種類によっては法による規制も行われ，安全性が高まる一方で，簡便性・利便性は低下した。

　事後的には，保証人あるいは連帯保証人による損害補償，担保の提供があった。名声の失墜，村八分等の社会的罰もデフォルトに対する抑止力として機能した。他の金融手段を利用あるいは身売りして，掛け金を払うものもいたくらいだ（櫻井 1962）。無尽講は単なる金融手段の蓄積と獲得を超えていた。

　さて，以下においては，この無尽講を当時の，特に江戸時代後期において思想家のとらえ方について述べることにしよう。

三浦梅園（梅園会編纂 1912）

　三浦は，1723年生まれの思想家で，下で述べる海保よりも一世代早い。彼は多くの著作を著したが，その中に慈悲無尽講という考えがある。この考えは，海保と異なり，救済型無尽講であるが，しばしば見られた一回限りの寄付型の講とは異なっていた。事前にカネ・穀物を拠出し積み立てていくという考えにおいては，保険機能を有していた。三浦の『梅園拾英』に無尽講

第6章　相互金融思想の史的展開と現在

に関する記述がある。要約すると，貢献は物品を問わず拠出し積み立てていく。積み立てられたもの対する個人の持ち分はなく，共有財産とする。5年間は救済に用いず，その後最も救済が必要な人に対して，公平に積み立ててきた資金が貸与されるものとした。今まで見てきたROSCAsの中においては，稀有なタイプである。社会的機能を除けば，互酬性はなく，相互性に基づく保険機能のみがある思想と実践であった。梅園の思想とは別に，村人の実践は，その後，積立金から共有地としての田を購入し，積立金の増殖を図ることになるが，根本は変わらなかった。

海保青陵（滝本誠一編 1916）

　海保は，江戸時代後期の思想家である。武家の支配する封建社会において，カネについて語ることは否定の対象であった。そうしたコンテキストにおいて海保は，藩の儒学者としての経験にもかかわらず，全く反対の思想にたどりついた。ここでは，その全体ではなく，講に限定して述べる。海保は，まず，無尽講を武士，商人，そして農民のそれぞれ分け，その有効性を主張している。藩の無尽講については，集めた掛け金を貸出，利息を取ることによって，利益を得ることができるとしている。この場合は商人依存から脱却し，藩という武士の共同体の存続のために，講による資金調達と利殖を行うことを進めている。武士が，商人化し，カネというものについて講を通じて扱うことを説いた点に新規性があったといえよう。互酬性・相互性があるわけではなく，当時においては，藩という信用としばしば強制性を軸に無尽という仕組みを成立させていた。これは全ての藩においては，必ずしもうまくいったわけではなかった。次に，商人については，武士と異なり，商人階級における資金融通の目的と商人たちの人的交流のそれを進めるために，勧奨し，さらに進んで利益獲得手段としてみている。事実，この頃には，商人は，自己の資本以上に大きな商売を行うようになっており，今日でいう金融機関が整備されていない以上，必然的に商人相互に資金融通する必要に迫られていた。最後に農民についてみると，農民は，武士よりもカネを扱うことに対して抵抗がないため，無尽講のメリットを教え，講へと導くことは容易であるとする。そして，無尽講を通じた貯蓄の重要性を説いた。

海保には，最初で述べた ROSCAs の存立条件で示された排除を動因とした考えはなく，貨幣経済の進行の中で，変容しつつあった利殖手段として無尽講の仕組みをそれぞれの階級に当てはめて奨励した。カネがカネを生む利殖性に注目したそれぞれの階級が富むための策あるいは融通を提案した点において，他の節約のみを唱える儒者とは異なっていた。

大原幽学（千葉県教育会編 1953）

先祖株組合は，幕末の農民指導家である大原幽学の指導により，天保年間，下総の国（現千葉県）ではじまった相互貯蓄組合である。天保 9 年（1838）に香取郡長部村で最初の組合が構成員 11 名で結成されたのを皮切りに，その後，同郡の諸徳寺，幡谷，荒海の各村に逐次設立された。組合に参加する者は所有地のうち金 5 両に相当する耕地を出資し合い，これを個人の生活には用いず共有地，共有財産とし，耕地から生まれた利益を無期限に積み立て，たとえ組合参加者が破産しても原則として出資した土地は返済せず，1 軒分の積立金が 100 両になった時に破産者が出た場合のみ組合員の合意で，その半株でその家を相続させ，残りの半株は子孫のために積み立てておく，というものであった（森靜朗 1977, 172）。こうして，家と資産を守り，ときには田畑を質に流して没落するのを防ぎ，救う共同体をつくったのである。

(3) 無尽講の相互性

時代順に 3 名の思想家を列挙したが，述べてきたように，相互に関連はなく，また発展的に変化したわけでもない。にもかかわらず，興味深いことは，異なる時間軸においても地域ごとのコンテキストが，彼らをしてこのような思想を生み出させたということである。無尽講という一つの単語の下でも，多様な形態をもつ可能性があることを思想的に示した。また，実践史においても，個人救済型無尽講から利殖型無尽講まで近世後期においても確認できる。そして，あらゆる階層が参加していたことを考慮すると，世界の一般的な ROSCAs が対象としている特定の階層とは性格を異にするかもしれない。つまり日本の無尽講は仕組みに関して二つの思想・実践上の内容を包

含していた。ただし，相容れないこれらについても，一部を除けば，それぞれの階層あるいは集団において相互性という状態を観察することができた点において共通していた。つまり，それぞれの参加者において相互に作用し合うことを目的とした様々な行為が存在した。

しかしながら，江戸時代が終わり明治時代にはいると，この延長線上の一部すなわち利殖志向の強い無尽は，参加者の相互性を希薄化させながら，無尽講の仕組みを取り入れた営業無尽，そして無尽会社という形で多様化・変容した。その間法人として株式形態，相互形態，そして再び株式形態という歴史的変遷を経て，最終的に株式会社型地方銀行という型へと至り，無尽を連想させる相互という名称が消滅した。これが一つの流れであった。海保の道具主義的思想はこの流れに近いかもしれない。

なお，ポットを受け取ったものを勝者として呼び（Pischke 1966, 146-147），また日本の富籤のように講の一形態としてギャンブル性を帯びたものがあった。この場合，相互性を確認することは難しい。

他方，金融機能が欠落しつつもネットワーク維持機能（場合によっては救済機能）を中心とした無尽講もまた少ないながらも併存したのであった。例えば，日本においては救済型無尽講の役割が社会政策の発展とともにその役割を代替されるようになると，この型においては，参加者は資金を必要としないにもかかわらず，ポットの受け手として負債を負わなければならなくなる無尽講が登場した。負わなければ，無尽講=ROSCAs のもつ社会的機能（セーフティーネット機能を含む）が再生産されないことになるからである。したがって，地域・集団による集合行為において，この場合負債を負うことは名誉なことであった。負債がなければ集団は維持され得ないのであって，贈与の交換理論（与えることによって負わせる）と類似した機能をもっていたのである。負債は，相互扶助と相互信頼という相互性と結びついている。これは，ROSCAs を含む非金融領域における講集団（櫻井 1962）が存在してきた理由と通底する。

このように，無尽講の多くは，それぞれの階層において，互酬性および相互性を有し，思想家たちはそれらを主張し，民衆はそれらの思想を集団的に実践した。

3. 協同組織金融と ROSCAs の分水嶺

　ROSCAs はほとんどの文献において，文字通り一つの組織あるいは集団が行う金融取引と見なされてきた。そのようにみるならば，ROSCAs という組織そのものに多くの特徴がなければならないが，先行研究は主として金融取引の仕方，それらを運営する社会集団に着目してきた。これは偶然ではなく，association という名称がついていることとは別に，この組織形態に特徴があるのではなく，その組織を設立させ，運営する特定の社会集団を基盤とした取引そのものに多くの特質をもっているのである。換言すれば，ROSCAs とは一つの独特な金融取引ないしは商品を取り扱う特定の社会集団による集合行為ということになる。その証左として，日本においては，取引機能のみを抽出し，営業無尽そして無尽会社，相互銀行という変遷（渋谷編 1977，全国日本相互銀行協会 1971）を通じて，背後にあった社会集団から遊離し，無関係となったために，それまでとは異なる性格を帯同し，また異なる発展過程を形成し，やがて無尽という看板を下ろした。これは，運営主体に関係なく，無尽事務代行業（無尽会社）を通じて無尽が可能となることを示していると同時に，背後にある社会集団の取引に与える影響力を示している。

　他方，協同組織金融はこの組織そのものの運営の仕方とメンバーが帰属する母集団の特性の双方が重要となる。言い換えれば，相互規定的である。その点を踏まえた上で，両者の距離についてみることにしよう。

(1) 協同組織との相違

　ROSCAs について協同組織の一つとして主張する研究者がいる一方で，他方，現在の NGO が発展途上国において協同組織金融機関の導入を図ろうとする事例に対して，協同組織金融機関の導入を，ROSCAs と比べて，柔軟性に欠け，官僚的，そしてコストがかかるという点から，否定的な主張もある（Bouman 1995, 374）。これは，その主張とは別に，両者は全く別の組織として把握している。また，Rowlands（1995）のように，両者の収束を予言する

理論すら否定的にとらえる主張もある。協同組織=西洋ととらえ，西洋の論理の押しつけと考えるからだ。他方で，アメリカの S&L を ROSCAs の派生形態（Symons & White 1984, Grosmann 1992）とみるような，ROSCAs を協同組織の祖先のように把握する説明もある。

どの時点の ROSCAs と協同組織金融を比較するかによって，両者の境界は変化することは十分想定されるが，異同の有無を確認する上でも，ある時点において抽象化し，表1のように整理した上で，解釈を加える作業は避けられないであろう。

表1のごとく，多くの点で同一性が認められつつも，異なっている点がある。このことこそ，それぞれの組織についてコンテキストによる存立条件を見る上で，重要となり，上述したような移植・移入に対する批判に根拠を与える。

項目の相違は根底において時間に対する民衆集団の概念が異なることに起因している。時間感覚の相違が発生する理由についてはここでのテーマの範疇を遙かに超えるため，上位概念の問題としたい。そして，この相違が様々な項目の異同に影響を与えている。

一般的に述べると，協同組織金融が属する社会集団の方が，相対的に時間感覚が長い。その結果，資本概念に現れてくる。資本は，出資と内部留保によって構成される。ROSCAs には，この資本概念がない。短期的である。ゆえに，目的も耐久を含む消費財である。他方，協同組織金融においては，短期資金から長期資金まで目的は多様である。個人であっても，建築貸付組合のような組織は長期的である。

ただし，そのような ROSCAs においても，その仕組みを利用して持続性を模索しようとする長期志向の思想もある。繰り返し同一のメンバーによって設立される ROSCAs，日本の無尽講のように10年の期間継続する講，不分割資産の積み立ては，時間感覚の長い集団が ROSCAs の枠組みで考え出した長期化である。こうした場合，協同組織金融機関の導入に対する抵抗が少ないかもしれない。

返済インセンティブを高めるためのモニタリグ機能およびネットワークの強化による相互信頼・認知機能を維持するためのミーティングは重要なイベ

表1　ROSCAsと協同組織金融の比較

	ROSCAs	協同組織金融
貸出機能	有り 短期から長期間 つぼの受け取る順番に依拠	有り 短期から長期間
借入金利・割引	ビット型のみ有り	有り
貯蓄機能	有り	有り
返済	つぼの受け取る順番に依拠	有り
出資	無し	有り，ただし無い場合もある
剰余金	場合による	有り
意思決定方式	合議制あるいはヒエラルキー	一人一票
総会	度々	年一回
相互信頼	有り	有り
集団	特定かつ同質	特定
設立期間	メンバーの一巡（有期），ただし繰り返しがある	無期限
地位	平等	平等
債務責任	連帯責任・保証人	連帯・有限責任
資本概念	無し	有り
目的	消費財・耐久消費財購入	多様
管理機構	親・発起人， コストはほとんどかからない=簡単 自主的・自律的管理	専門性，場合によっては専門家に委託 自主的・自律的管理
参加	終了まで拘束	概ね加入・脱退の自由
返済インセンティブ	道徳・倫理観，社会的罰則，相互牽制	法律，道徳・倫理観，相互牽制
ゲーム性	場合により有り	無し
発展	単純再生産	拡大再生産志向
システム	閉鎖的	準開放的
互酬性	有り	無し
協同性	有り	有り

出典：筆者作成

ントの一つであるが，ROSCAs においては参加者による資金の拠出の度に開催されるが，協同組織金融にはそうした仕掛けはない。基本的に年次ミーティングのみであり，しかも業務執行組織に対するコントロール権の発揮にある。

　これに関連して，協同組織金融においては，所有権あるいはコントロール権の存在が明確であり，一人一票という意思決定方式が採用され，年次総会等の会において行使される。他方，ROSCAs においては，それらが属する社会集団の決定方式に依拠している場合が多く，それはコンテキストを反映し，多様である。

　さて，日本においては，協同組織金融に先立つ無尽講，海外の多くの地域においては併存ないしは不存在の協同組織金融，この両者において，共通するのが相互性である。相互性（mutuality）は，実践者たちが意識的であれ，無意識的であれ，様々な行為・取引の前後にみられるソーシャルキャピタルであり，状態であった。多くの思想も言及している。協同組織金融における預金・貸出と ROSCAs における拠出と貸出は，いずれも参加者が同時でなく交互に行わなければならない取引であり，絶対条件であった。

　これに並行して協同という行為は，二つの組織において参加者・メンバーが同時に行う集団行為義務であった。例えば，同時に資金の取り手になることは，相互性という状態からみて不可能であるが，協同は全員による同時的行為である。当該組織を成立させるためのあらゆる行為がこの協同に含まれる。

　他方，しばしば関連する言葉として登場する互酬性は，贈与（Mauss 1950）の交換としてみることができるが（Davis 1992），ROSCAs の二つの型において，順番に全員受け手となる仕組みから，この言葉によって最もよく表されている。また，参加者一人が受け取る一回の資金は全参加者の合計であり，他方，協同組織金融においては一部である。前者は，この点において，互酬性の感覚を強く得る，後者は部分的である。したがって，協同組織金融機関には，こうした約束が存在しない以上，互酬性を性格として含めることには疑問符がつく。また，無尽講と同時に行われていたモヤイ・ユイをみると，それらに通底する性質は互酬性であり，協同組織とは完全に一致し

ない。

　民衆中心の組織であることから，地域・集団における自立，自律性，自主的管理は両者に共通している。ROSCAsにおいても，規模が拡大化すると，協同組織金融のように一部の機能を専門職に委託する場合もある。逆に規模の小さい協同組織金融はよりメンバーによる直接自主管理の傾向が高まる。ゆえに，これらは組織の相違というよりも，規模の違いによって管理形態あるいはガバナンスの仕方が異なるとみてよいであろう。

　表から重要な点を取り出し述べてきたが，最後に銘記しておきたいことは，ROSCAsそして協同組織金融のいずれも多様化している。ここでの比較は二つの組織をある程度抽象化し，比較するという作業を行ったに過ぎず，きわめて近似した組織同士もあれば，北極と南極ほど対置した組織もあるであろう。したがって，ここで示した境界線は確定されたものではなく，目安でしかない。

(2) 絡み合う集団思想-協同，相互性，そして互酬性

　ROSCAsから協同組織金融まで，相互性という用語は，互酬性，協同，共助という用語とともに，たびたび登場してきた。語群はしばしば同席し，混同され，時には葬り去られそうにもなった。二つの組織の異同を考察することを契機に，相互性について今日における到達点を述べることにしよう。

　相互性（mutuality）という用語は，協同組織金融においては，相互扶助（mutual help）という用語にしばしば組み込まれる。しかしながら，実務の世界において一般的なこの相互性とさらに協同（cooperative）の機能について問われると，答えに窮する場合も多い。協同組織（金融）は，二人三脚のようなわかりやすい協力ゲームではない。協同はしばしば行為や経済取引の背後に隠れてしまっている。言い換えれば，協同組織金融のメンバーたちが無意識のうちに実行している様々な行為の背後を説明することは容易でないかもしれないということになる。さらに，利己主義と個人主義に基づく競争原理が貫徹する市場経済の時代において，地域・集団における集団行為の不安定性と希薄性を認識せざるをえない。

　にもかかわらず，これらの概念は，ROSCAsから協同組織金融までにおい

て根幹をなすものである。そこでは，協同とは，集団的行為を示し，相互性はその状態を指している。後者は，しばしば動詞と連結し，そうした状態の下での動詞の行為を指す。例えば，相互扶助とは，参加者あるいはメンバーが相互的な状態において互いに助けることを表している。また相互信頼も，同様に，お互いに信頼している状態を表すことができる。

　協同組織金融とは，相互に認知・信頼できる物理的・心理的距離において，経済的・社会的理由から有利な条件で借入ないしは預金サービスを受けることができない人々・企業が，協同することによって，少しでも協同する以前よりも有利な条件で，金融サービスを享受しようとする時に生じる行為の場に他ならない。そこでは，一人では得ることのできないサービスを，協同することによって，取引コストを引き下げ，リスクを分散し，よりよいサービスを得ようとする集団行為ともいうことができる。

　このことは，株式会社型金融機関と大きく異なる点である。株主は自らの利益，すなわち配当を高めるために，他の株主に何らかの権利を委託することはあっても，協力することはない。

　さて，ROSCAsにおいては，互酬性が通底しているため，相互性の状態あるいは協同の行為をみることは容易である。しかしながら，互酬性を期待できない協同組織金融においては，以下の展開のように，「協同」「相互性」は参加者にとってわかりづらい。

　資金関連として，長期継続関係におけるメンバー間利害シェアシステムは，一協同組織金融全体のローンポートフォリオの組成にみられるように，短期経済合理性に基づく取引条件を個別経済主体にそれぞれ厳密に要求するのではなく，組織全体のポートフォリオからそれぞれの金利を含む条件が決定される。そこにはほとんど意識されない相互性がある。つまり，メンバーの行っている経済取引がどの時点で他のメンバーに貢献しているのかについて明確化することはできない。

　さらに，利害関係という観点から言えば，メンバーが受けることができる便益は，複雑かつ多岐にわたっている。例えば，総代になるということはサービスの提供といってもよいが，これらには金銭的受け取りはともなわない。

整理すると，メンバーは金銭的・物的・サービスを協同組織という場に提供するが，それらは一様ではない。他方，受け取ることができる便益は，借入金利，預金金利，配当，借入と預金に関する金融取引の機会，取引条件，そして他の金融サービス・商品等に分けることができる。ゆえに，預金者と借入者との間の単線的な資金融通のみを相互性ということはできない。それは頼母子・無尽講のような互酬性をともなう相互性の場合である。
　また，協同の開始時点=組織への加入から脱退ないしは組織の解散までの間に，メンバーが提供したものと受け取ったものが必ずしもバランスするとは限らない。この問題は，便益計算の困難さをともなって解消を難しくしている。
　したがって，この場合，協同するというインセンティブは，確実な見返りに基づくわけではないということになる。そこには，見返りへの期待と見返りを期待しない心的習慣が見られるか，あるいはメンバーによって認識されていない。
　ところで，メンバーは，上述した仕組みの下で，様々な協同行為を実行する。列挙するならば，まず，出資配当制限・内部留保による全体利益の優先がみられる。換言すれば，内部留保の蓄積は世代を超えた蓄積の結果であり，その時々の果実を拒否したもの，したがって資産は世代にわたる共有資産である。次に，連帯責任による協同と相互性が挙げられる。ただし，歴史的経験と一部の地域に限られる。これは，協同組織金融が外部から資金調達を行う際，効果を発揮する。すなわち共同信用を創出することを通じて，外部に対する保証機能を果たすからである。
　保証人制度は，借入者のモラルハザードを防止することと，借入者の担保不足を補填する合理的機能を果たす役割があるが，これらは当該組織内部における相互認知と信頼の蓄積を前提としている。なお，メンバー間を超えて，一定の集団間同士における相互保証制度を導入している地域もある。これは，橋渡しソーシャルキャピタルの蓄積の結果である。また，協同組織金融機関における中央機関の存在は，別の形での協同・相互性の外延形態であるといえよう。
　以上の点を改めて箇条書きにまとめるならば，以下のようになる。なお，

全ての協同組織金融に共通してこのような相互性がみられるというわけではない。
① 出資配当制限・内部留保による全体利益の優先。
② 無限責任に基づく連帯責任による相互性。
③ メンバーに限定された預金・借入閉鎖システムにおける相互性。
④ 経営へのコミットメント―無償労働の提供という相互性。
⑤ 協同組織金融機関の相互保証制度。
⑥ 連合システムにおける相互性の外延形態。
⑦ 内部留保の蓄積は世代を超えた蓄積の結果であり，その時々の果実を拒否したもの，したがって資産は世代にわたる共有資産であり，そこには世代間相互性がある。
⑧ 長期継続関係におけるメンバー間利害シェアシステムは，ローンポートフォリオの組成にみられるように，短期経済合理性に基づく取引条件を個別経済主体に要求するのではなく，組織全体のポートフォリオから決定される。そこにはほとんど意識されない相互性がある。

おわりに

協同組織金融の相互性の源流を ROSCAs まで遡る試みは，当初のもくろみ通り，二つの組織の異同を明確化するという結果に終わった。表面的に見れば，極めて類似した組織のようであったが，上述したように，いくつかの点を除けば，異なった特質を持つ組織であり，また両者の間において発展的解消の対象となりうるかどうかは疑問である。何故なら，貸出・預金マーケットを細かくセグメンテーションすれば，両者にとってそれぞれ固有のレーゾンデートルは見えてくるからである。換言すれば，当該社会集団とそれらを取り巻く経済的・社会的環境の組み合わせにおいて，民衆は特定の金融手段を選択しているのである。また，それぞれの思想はそのようなコンテキストの下で形成されてきた。金融システムの発展は，必ずしもこうしたコンテキストを消滅させてしまうわけではなかったため，依然として両組織は様々な発展段階において確認することができるのである。

他方,協同と相互性は両者に通底する思想であり,組織運営原則の基礎となっている。したがって,両者にとって株式会社型金融機関との違いを示すのには十分な特徴であった。しかし,通底するからこそ,両者の境界は曖昧となり,単なる規模の違いとみなしたり,発展的解消論が主張されたりすることになったのであろう。協同組織金融思想における相互性の源流をROSCAsあるいはその周辺の民衆思想に遡及することは可能であるが,これらは異質性を認めるという条件つきであることは銘記しておく必要がある。

参考文献

Anderson,S. & Baland, J.（2002）, "The Economics of ROSCAs and Intra-Household Resource Allocation," *Quarterly Journal of Economics*, pp.963-965.

Ardener, S.（1964）, "The Comparative Study of Rotating Credit Associations," in Ardener, S. & Burman , S.（eds.）,（1995）, *Money-Go- Rounds*, pp.201-229.

Bellah, R. & Madsen, R.（1988）, *Habits of the Heart : Individualism and Commitment in American life*, 島薗進・中村圭志訳（1991）,『アメリカ個人主義のゆくえ』みすず書房。

Besley,T., Coate, S. & Loury, G.（1993）, "The economics of Rotating Savings and Credit Associations," *American Economic Review*, 83, 4, pp.792-810.

Biggart, N. W.(2001), "Banking on Each Other: The Situational Logic of Rotating Savings and Credit Associations," *Advances in Qualitative Organization Research*, Vol.3, pp.129-153.

Bouman, F. J. A.(1995), "Rotating and accumulating savings and credit associateons: A development perspective," *World Development*, 23, pp.371-384.

Callier, P.(1990), "Informal Finance: The Rotating Saving and Credit Association — An Interpretation," *Kyklos*, pp.273-276.

Calomiris, C. W. & Rajaraman, I.(1998), "The Role of ROSCAs: Lumpy Durables or Event Insurance?" *Journal of Development Economics*, pp.207-216.

Cope, T. & Kurtz, D.V.（1980）, "Default and the Tanda: A model regarding recruitment for rotating credit association," *Ethnology*, 19, pp.213-231.

Davis, J.（1992）, *Exchange*, Open University.

Geertz, C.（1971）, "The Rotating Credit Association: A 'Middle Rung' in Development," *Economic Development and Cultural Exchange*, 1,（3）, pp.241-263.

Grosmann, R.（1992）, "Deposit insurance, regulation and moral hazard in the Thrift Industry: Evidence from the 1930's," *American Economic Review*, 82, 800-22.

Gugerty, M. K.（2004）, "You can't save alone: Commitment in Rotating Savings and Credit Associations in Kenya," *Economic development and Cultural Change*, 55（2）, pp.251-82.

Hevener, C. C.（2006）, "Alternative Financial Vehicles: Rotating Savings and Credit Associations （ROSCA）," Discussion Papers, FRB of Philadelphia.

Klonnner, S.（2003）, "Rotating Savings and Credit Associations when Participants are Risk Averse," *International Economic Review*, 44, pp.979-1005.
Kovsted, J. & Lyk-Jensen, P.（1999）, "Rotating savings and credit associations: the choice between random and bidding allocation of funds," *Journal of Development Economics*, Vol. 60, pp.143-172.
Levenson, A. & Besley, T.（1996）, "The Anatomy of an Informal Financial Market: ROSCA Participation in Taiwan," *Journal of Development Economics*, 51, pp.45-68.
Light, L. & Zhong, D.（1995）, "Gender difference in Rosca participation within Korean Business households in Los Angels," in Ardener, S. & Burman, S.（eds.）,（1995）, *Money-Go-Rounds*, pp.217-240.
Low, A.（1995）, *A Bibliographical Survey of Rotating Savings and Credit Associations*, Oxford: Oxfam and CCCRW.
Mauss, M.（1950）, *Sociologie et Anthoropologie*. 有地他訳（1973）,『社会学と人類学 1』弘文堂。
Maynard, E. S.（1996）, "The translocation of a west Africa banking system: The Yoruba Esusu rotating credit association in the Anglophone Caribbean," *Dialectical Anthropology*, 21, pp. 99-107.
Mayoux, L. & Anand, S.（1995）, "Gender inequality, ROSCAs, and sectorial employment strategies: Questions from the South Indian silk industry," in Ardener, S. & Burman, S.（eds.）, *Money-Go-Rounds*, pp.179-196.
Von Pischke, J. D.（1966）, *The public sector: some Ethiopian aspects*. Center for Ethiopian Business Research and Teaching Aids, College of Business Administration, Haile Sellassie I University.
Roberts, B.（1994）, *Informal economy and family strategies,* Oxford, U.K.: Blackwell.
Rowlands, M.（1995）, "Looking at financial landscapes: A contextual analysis of rosca in Cameroon," in Ardener, S. & Burman, S.（eds.）, *Money-Go-Rounds*, pp.111-124.
Sexton, L.D.（1982）, "Wok meri: A women's savings and exchange system in highland Papua New Guinea," *Oceania*, 52, pp.167-198.
Sethi, R.M.（1995）, "Women's ROSCAs in Contemporary Indian Society," in Ardener, S. & Burman, S.（eds.）,（1995）, *Money-Go-Rounds*, pp.163-177.
Shanmugam, B.（1989）, "Development Strategy and Mobilizing Savings through ROSCAs: The Case of Malaysia," *Savings and Development*, 4, pp. 351-368.
Symons, E. & White, J.（1984）, *Banking Law*, West Publishing.
梅園会編纂（1912）,『梅園全集』弘道館, 上・下巻。
千葉県教育会編（1953）,『大原幽学全集』千葉県教育会発行。
海保青陵（1813）,『稽古談』, 滝本誠一編（1916）『日本経済叢書』日本経済叢書刊行会, 所収。
森静朗（1977）,『庶民金融思想史体系Ⅰ』日本経済評論社。
森嘉兵衛（1982）,『無尽金融史論』法政大学出版局, 森嘉兵衛著作集, 第二巻。
櫻井徳太郎（1962）,『講集団成立過程の研究』吉川弘文堂。

渋谷隆一編（1977），『明治期日本特殊金融立法成立史』早稲田大学出版部。
全国日本相互銀行協会（1971），『相互銀行史』全国相互銀行協会。

第 3 部
世界経済の現代的課題

第 7 章
人民元国際化への道のり

王　鵬

はじめに

　2015 年 11 月 30 日に，国際通貨基金（IMF）が人民元を特別引出権（SDR）の構成通貨として採用することを正式に決定すると，中国国営新華社は即座に速報を打ち，「歴史的な一歩」と歓迎した。李克強首相も中国の改革・開放の成果を国際社会が認めたものと高く評価した。しかし，国際通貨の仲間入りといっても，人民元の国際通貨としての現時点での実力は必ずしも高いとは言えない。IMF によれば，人民元は貿易大国の通貨として輸出で大きな存在感を示す一方，国際的な銀行取引や国際的な債券発行取引といった金融面ではいずれも 5% 以下の限定的なものとなっている（IMF 2015）。IMF は中国の金融面での更なる改革への期待を表明しており，現状での実績が評価されたというよりも，将来への期待といえる[1]。

　市場には，人民元の SDR 構成通貨採用が決まれば，中国の改革は後戻りできないとの見方もあるが，そう簡単にはいかない。通貨改革のやり方を間違えると，中国ばかりか，周辺国にも大きな影響を与える。また，米国が従来の反対を翻して，条件付き賛成に転じた背景に注目すべきである。人民元は基本的に米ドルにペッグした通貨だが，SDR の構成通貨にドルペッグのまま入ることは前代未聞である。もしこれから中国が人民元相場をドルから離し，市場に任せた変動に切り替えれば，これまでドルに引っ張られて上昇していた分がはげ落ち，人民元が大幅な下落を見せる可能性がある。そうなると，中国から一層の資本流出が予想されるうえに，周辺国に通貨安戦争を巻き起こす。中国政府は，これまで為替管理の都合上，資本の流出入を厳し

く管理してきたが，IMF の条件として，為替相場の自由化とともに，資本取引の自由化も求められている。資本取引の自由化によって資本の流入よりも流出が大きくなると見られる。人民元の先安観が強まれば余計拍車がかかる。これは意図しない金融引き締め効果をもつ。すなわち，SDR 構成通貨として採用されることは人民元国際化への大きな一歩であるが，喜ぶばかりの進展ではない。むしろこれほど急ぐ中国政府の態勢には疑問すら浮かぶ。

振り返ってみれば，2008 年の金融危機前まで中国政府は人民元の国際化について消極的であった。それは政府主催の「中国社会科学基金プロジェクト」の指南書から見て取れる。金融危機前までは指南書の中で推奨された研究テーマは為替レートの安定化に関するものばかりだった。つまり，中国政府にとって最優先事項は為替レートの安定を保つことであった。しかし，金融危機が沈静化した 2012 年からその推奨テーマはほぼ人民元の国際化一色になった。政府主導下で，急いで人民元国際化を進めようと考えられたのである。なぜ，中国政府はこれほど急いで人民元の国際化を進める必要があるのか，そして人民元国際化はどのように実現していくのか，以下で詳しく議論したい。

1. 人民元国際化の議論

(1) 国際通貨とは

1960 年代から，米国は深刻な国際収支の赤字に陥り，ドルと金の交換比率を維持することが困難になり，ブレトンウッズ体制は崩壊しつつあった。多くの学者が第二次世界大戦後に築いた米ドルを中心とした国際金融秩序に疑問をもつようになった。通貨の国際化による影響を考えると，「流動性ジレンマ」として知られたように，特定の国の通貨を基軸通貨とする国際通貨制度のもとでは，基軸通貨の供給と信用の維持を同時に達成できないという矛盾がある[2]。後にクルーグマンは，アジア金融危機の際に，自由な国際資本移動，為替レートの安定性，金融政策の独立性の 3 つを同時に成立させることができないといういわゆる国際金融のジレンマを指摘した。すなわち，通貨の国際化は当該国の政策実施を複雑にし，必ずしもメリットばかりでは

ない。それに対して，一部の学者は通貨の国際化により，その発行国がシニョリッジ（通貨特権）を享受できるとした。たとえば，サブラマニアン（Subramanian 2011）は，国際通貨の発行国は，巨額の資本収支赤字を維持し，当該国通貨建ての低金利の債務を大量に返済しないでおくことができるが，それは，当該通貨に特殊な準備通貨としての地位があるため，他国が当該国の債権を保有しようとするからであると具体的に述べている。このような特権をもつ国は，その通貨を頼りに海外からローコストで大量の資金を借りることができ，同時に他国への投資でより高い収益が得られる。

　また，貨幣機能の観点からコーエン（Cohen 1971）は，国際通貨の機能は国内機能の延長であり，したがって個人部門や政府部門などの多様な目的のために，ある通貨がその発行国以外で取引されれば国際通貨になるという。ハートマン（Hartmann 1998）は，その定義を拡大し，国際通貨は計算単位（unit of account），支払い手段（medium of exchange），価値貯蔵手段（store of value）という3つの機能を果たしていると説明した。国際貿易が発展しつつあった時代では，国際通貨は主に貿易決済に使用されていた。しかし，国際金融市場が変貌し，貿易の決済に使われる外国為替のシェアが小さくなった一方，国際的な債券発行など直接に貿易と関係しない金融取引が多くなった。円の国際化[3]の際に日本政府が述べたように，国際通貨の機能は貿易だけではなく，融資，外貨準備，国際債券の発行など貿易と無関係の金融面がより重要であることは明らかである。

　さらに，市場が国際通貨に対する需要の視点から国際通貨になるための条件を議論する学者もいた。自国と他国間の取引コストを対象に研究したクルーグマン（Krugman 1980）は，取引量の増加につれて平均取引コストが逓減し，したがって取引コストが最も低い通貨が媒介通貨すなわち国際通貨になるだろうという。またレイ（Rey 2001）は均衡モデルを用いてその理論を証明した。一国の輸出が大きければ大きいほど，その国の貨幣は国際市場における需要が大きいため，その為替市場の流動性は活発になり，取引コストも小さくなるという。バーグステン（Bergsten 1975）によれば，国際通貨になるためにはその国の政治と経済における総合力が問われる。政治面では強い政治権力によって国際協力が得られる。外部要素と内部要素に分かれる経

済面では，交換性の保証，合理的な流動性，健全な国際収支および構成，経済成長，物価の安定，経済規模，貨幣政策の独立性，発達した金融市場などが，総合的に評価されなければならない。

上述したことをまとめてみると，国際通貨には計算単位，支払い手段，価値貯蔵手段の機能があり，貿易決済に使用されるだけでなく，投資対象と国際準備通貨にもなる。通貨の国際化とは市場に選ばれた結果であり，経済規模や流動性，完全交換性など様々な必須条件がある。通貨の国際化は当該国にシニョリッジを与えると同時に，独立した貨幣政策の実施がより困難になるというデメリットもある。

(2) 人民元国際化の必要性

2006年のサブプライムローン問題や2008年のリーマンショックなどによって米ドルに対する市場の信頼感はどん底に落ちた。ドルを中心とした国際金融体制の弱点が露呈した。目先の金融危機に対応するために米国は量的緩和を実行し，市場に大量の資金が流れ込んできた。それがドル建て資産をもつ他国に大きな損失をもたらした。中国は世界で最もドル資産を有するため，一番被害を受けた国といえよう。できるだけ早くドル依存から脱却したいのは中国の意志である。また人民元を加えた多元的な国際通貨体制の構築は，ドル依存の状況を改善し，多種な外貨資産の組み合わせによってリスクを軽減しうるため，大部分の国々の利益にもなる。それが国際通貨としての人民元をめぐる議論を盛んにした理由である。以下，それらの議論をまとめてみよう。

第一は，人民元が国際通貨になる条件が揃ったのかである。一国のGDP規模および全世界の貿易におけるシェアは，当該国通貨が国際通貨の地位を獲得できるかの重要な決定要因である（Dobson & Masson 2008）。また，アイケングリーン（Eichengreen 2011）は，世界第二の経済大国である中国には巨大な規模で流動性の高い金融市場を構築する力があり，その大きな対外貿易額と直接投資額は，人民元が国際貿易での決済通貨の地位を獲得するための基盤を築いていると指摘した。そして一国の経済が世界経済において支配的な地位を得た場合，その通貨は他国通貨の明確なあるいは潜在的なペッ

グ対象になる。ある実証分析（Subramanian & Kessler 2012）によれば，人民元はアジア地域においてすでにアジア諸国通貨のペッグ対象になりつつあり，アジアは一つの「人民元区域」になるという。これらの楽観論に対して，中国の金融市場はまだ発展途上で，金融体制は銀行主導で政府に直接に管理されているという現状がある。例えば，証券市場における外国投資者の参入は厳しく制限されている。また，債券市場の規模が小さく，デリバティブ市場が未発達である。人民元の流動性は他の国際通貨と比べれば高くない。すなわち，経済と貿易の規模は人民元国際化の必要条件ではあるが，決定的な要素ではない。金融市場の発展水準がより重要であると考えられる（Prasad & Ye 2012）。中国人民銀行総裁である周小川氏は，人民元の国際化は意図的に設計したものではなく，金融危機のもたらしたチャンスだと強調している（周小川 2011）。

　第二は，人民元国際化が与える影響に関するものである。前節でふれた通貨の国際化によるシニョリッジは中国がある程度まで享受できると考えられる。中国企業と投資者は国際貿易の決済での自国通貨の使用によって，為替リスクを軽減できる。そして国内銀行と企業は国内外で人民元建て債券の発行などが可能になり，資金調達のコストを抑えることができる。また，中国の銀行が外国の顧客に人民元建ての金融商品を提供して，国際競争力を高めることができる。しかし，その一方，人民元の国際化は中国のマクロ経済にマイナスの影響も与える。為替レートを抑制して製造業の輸出を刺激するという従来の発展モデルを変えなければならない。人民元の国際化によって域外に蓄積された人民元が還流すると，それによる中国経済への衝撃が金融市場の安定性に影響する可能性もある。伊藤によれば，これに対応する方法は2種類あり，1つは人民元の上昇であるが，これは輸出部門の利益に影響する。もう1つは利上げであるが，これは失業，特に非貿易部門の失業増をもたらす（Ito 2011）。さらに，人民元の国際化は国際金融体制の安定に積極的な影響を与えるだろう。リーは国際準備体制にはドルに代替できるもう一つの通貨が必要だという。多元化する国際金融体制は単一準備通貨の発行国の流動性ジレンマを解消し，他国が外貨準備を分散化することによってリスクを軽減できると説明した（Lee 2010）。

第三は，人民元国際化のプロセスについてである。サブラマニアン（Subramanian 2011）はアジア地域での人民元の使用増加に伴い，その国際化が実現するだろうという。人民元の国際化は「地域利用から国際利用へ」の原則に従うべきだと考えられる。それは，まず東アジアの地域内でその地位を向上させ，強力な地域通貨になった後に，さらなる国際化を進めようという考え方である。

　また国際通貨の機能の視点から，多くの学者が人民元国際化のプロセスを3段階に分けることを提案した。たとえば巴曙松は，人民元の国際化は「決済通貨—計算単位—価値貯蔵」の順序に実現していくべきだという（巴曙松 2012）。短期目標は国際貿易の決済通貨，中期目標は国内金融市場の整備と人民元オフショア市場の発展と共に人民元の完全交換性の実現である。そして他国の外貨準備における重要な構成になるのが長期目標である。周小川は完全な資本取引の自由化に対して否定的な意見をもっている。人民元の国際化を実現するためには資本取引の自由化が不可欠だが，市場を攪乱する投機的行動を監督するマクロプルーデンス政策が必要だという（周小川 2012）。

　さらに，人民元国際化において，香港オフショア市場の役割が高く評価されている。香港オフショア市場は，人民元による貿易決済のみならず資本取引およびデリバティブ取引の場を提供し，人民元国際化において重要な役割を果たすだろう（曹远征 2011）。

　以上をまとめてみると，3つのことがわかる。1つ目は中国の経済および貿易規模は人民元の国際化の基礎を築いた。しかし，整備されていない国内金融市場や，不完全な資本取引など，なお多くの課題を残している。2つ目は人民元の国際化は中国経済にプラスとマイナスの影響を与える。ただし人民元の国際化は国際金融市場へ積極的な影響を与えるだろう。3つ目は人民元国際化のプロセスが段階をふんで，地域的な貿易決済通貨から徐々に投資対象通貨になり，最終的には準備通貨になっていく。その過程においてオフショア市場の発展が大きな力になるだろう。

　人民元の国際化はある意味既定の路線であり，中国国内だけでなく世界の国々もそれを期待しているといえよう。したがって人民元国際化の必要性をこれ以上論じても意味がないので，人民元国際化の進捗状況を分析したうえ

で，それが抱える課題と解決策を考えてみたい。

2. 人民元国際化の現状

　ポンド，ドル，円といった主要通貨の発展の経緯を概観すると，通貨の国際化の進展は，一般に，貿易決済通貨，投資対象通貨，そしてそのまま最終的に国際的な準備通貨になるという3つの段階をふんできた。したがって本節では，その3つの観点からひとまず人民元の国際化の現状を見てみよう。

(1) 人民元建て貿易決済の特徴

　人民元の国際化は，中国の周辺地域との辺境貿易（国境貿易）[4]から始まったと考えられ，1990年代にはすでに国境貿易において人民元による決済が行われていた（薛軍 2013）。人民元建て貿易決済の規模は中国の貿易規模の拡大とともに増加してきた。そして政府による人民元建て貿易決済の本格的な議論は2008年のことで，その後の2009年7月に，上海市などの企業365社による人民元建てクロスボーダー貿易決済が試験的に実施された。その対象地域は香港，マカオそしてASEAN諸国であった。2011年8月に人民元建てクロスボーダー貿易決済ができる地域は全国に拡大され，人民元を貿易決済通貨としてすべての地域および企業が使用することができるようになった。これを機に人民元建てクロスボーダー貿易決済規模は驚異的なスピードで拡大していく。

　中国人民銀行の統計によると（図1），2011年，銀行業における人民元建てクロスボーダー貿易決済処理業務は累積2兆900億元で，これは2010年の5064億1000万元の4.1倍である。それによって，中国の貿易額における人民元決済の割合も大幅に上昇した。その後の2012年からの3年間，平均46%のスピードで拡大し，2015年こそ増幅が10%程度に落ちるが，規模は7兆2300億元に達した。

　そして，中国の貿易構造において，絶対的優位にあるのは財貿易である。したがって，人民元建て貿易決済の中心も財貿易である（図2）。

　2012年度人民元建て貿易決済総額3兆940億元の内，財貿易決済は2兆

図1　人民元建て貿易決済の規模

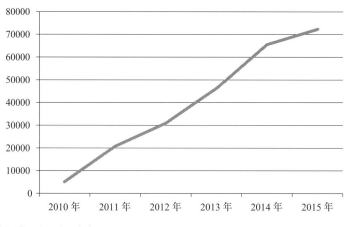

（単位：億元）

（出所）　中国人民銀行

600億元に対して，サービス貿易およびその他経常取引の決済はわずか8764億元にすぎない。財貿易の人民元建て決済が毎年順調に増加しているのに対して，サービス貿易決済の方は不安定である。その規模は2013年度に伸びるものの，2014年度には大幅に減少し，2015年度の水準は2012年度にも及ばない。2016年の上半期から，サービス貿易決済はようやく伸び始めた。

　人民元建て貿易決済のもう一つの特徴は，収支比率における不均衡である。その理由は輸入側が決済通貨の選択を主導できるため，中国においても，輸入企業は人民元建て決済の選択が容易である。それに対して，輸出企業の場合は人民元建て決済を希望しても，今の人民元の影響力を考えると，相手側は納得し難い。しかし2010年度は人民元建て貿易決済の年間収支比が1：5.5だったのに対して，2011年度は1：1.7に上昇し，大幅な改善がみられる。その後の3年間，それぞれ1：1.2，1：1.46，1：1.4であった。2015年度には，はじめて輸出における人民元建て決済が輸入を超え，1：0.96であった。人民元建て決済が輸出においても積極的に選択されるようになったといえよう。貿易決済において，人民元建て決済の比率が高まって

図2 人民元建て貿易決済における財・サービスの割合

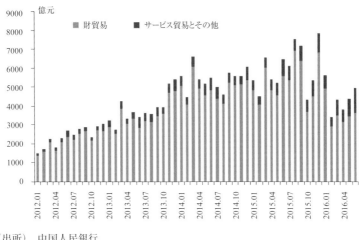

(出所) 中国人民銀行

いけば，人民元の国際化が進展するだろう。

(2) 人民元建ての国際金融取引

通貨国際化の過程では貿易決済に使用されるだけでなく，投資対象としても選択され，それは国際化の大きな進展を意味する。しかし，人民元建て貿易決済規模と比べれば人民元建て資本取引の規模はまだ小さい。中国人民銀行の統計をもとに，その事情を分析しよう。

第一に，人民元建て域外直接投資（ODI）と海外企業による人民元建て直接投資（FDI）の規模は年々拡大している（**図3**）。中国人民銀行は『域外直接投資における人民元決済試行管理規定』を公表し，2011年8月から，銀行および企業に対して，一定枠内での人民元建て域外直接投資業務を認めてきた。人民元建てODIの規模は順調に拡大し，2011年末の201.5億元から2014年末に1865.6億元になった[5]。それに対して，人民元建てFDIの規模は驚異的なスピードで拡大してきたといえる。その金額は2011年末の907.2億元から2014年末に9倍近くの8620.2億元にまで増えた。

第二に，香港での人民元建て債券（点心債）[6]の発行は2007年6月に解

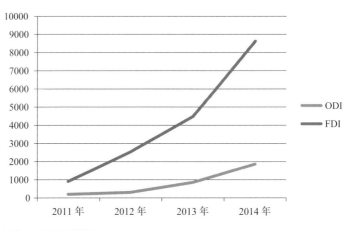

図3 人民元建て ODI と FDI
（単位：億元）

（出所） 中国人民銀行

禁された。当初は中国の金融機関による発行に限定されていたが，2009年には香港を含む外国金融機構，2010年には外国企業，さらに2011年には中国本土企業に解禁された。国家開発銀行は最初に50億元の点心債を発行したが，2007年から2009年まで累積380億元の債券が発行された。またその規模は2010年に急激に拡大し，それから3年間の発行額が1000億元を突破した。2014年には2000億元近くに達し，残高は4370億元に上る。その発行主体の構成を見てみよう（表1）。最初の3年間，政府の制約により，発行主体は国内金融機関のみだった。しかし，外国金融機構および外国企業の発行を認めた後，その発行主体は多様化し，特に2014年上半期には，外国企業による発行額が半分近くを占めることになった。

また発行された人民元建て債券は主に中短期債で，満期10年以上の債券はわずか4％，5-10年は17％，3-5年は53％，1-3年は26％である。最近長期債券の発行が増える傾向にあるが，それは非居住者が人民元の長期的投資に対して信頼を寄せているためだと考えられる。

第三に，証券投資の分野では，2011年にROFII（人民元適格海外機関投

表1 香港における人民元建て債券の発行主体の構成

(単位：億元)

		2007年-2009年	2010年	2011年	2012年	2013年	2014年上半期
点心債	財政部国際	60	80	200	230	230	160
	国内金融機構	320	150	0	240	55	200
	国外金融機構	0	14	102	280	177	187
	国内企業	0	0	36	59	65	35
	国外企業	0	102	734	359	467	540
	国際組織	0	12	7	11	25	26
合成債		0	30	188.28	0	0	0

(出所) 香港金融管理局

資家）制度が試行され，海外から中国株式市場への投資ルートが設けられた。2011年4月に香港証券取引所で香港発の人民元建て不動産投資信託ファンド「匯賢産業信託」が正式に上場された。その匯賢産業信託は最初のオフショア人民元IPO（新規株式公開）であり，香港オフショア市場の発展と人民元の国際化において重要な意義をもつ。2009年から人民元建て株式の取引規模が急速に拡大し，取引規模は世界全体の10％程度を維持している。

人民元建て資本取引に関して，最後にデリバティブ市場にふれておこう。人民元建てデリバティブ市場の成長は，人民元建て金融商品の金利，為替リスク，および信用リスクなどの効果的な管理を可能にし，人民元資産の保有に対する国際社会の安心感を増大させる（中国人民大学国際通貨研究所2013）。しかし，その規模は対世界比1％程度でしかなく，また厳しく制限されているため，現時点ではその市場はあまり機能していない。これからの規制緩和を期待するしかない。

(3) 外貨準備としての人民元

人民元の国際化が最終的に目指しているのは，世界的な準備通貨になるこ

とである。SDRは国際準備の一つであり，その意味ではSDRの構成通貨に加入した人民元は準備通貨になる可能性があるといえよう。しかし，現実には，そううまくはいかない。

　2011年9月，ナイジェリア中央銀行は外貨準備通貨として人民元を取り込む方針を発表したが，その割合は5％－10％である。このほか，マレーシア，韓国，カンボジア，ベラルーシ，ロシア，フィリピンなどが人民元を準備通貨として取り入れている。しかしいずれにせよ，その割合はわずかである。準備通貨としての人民元の単独の統計データは，国際通貨基金COFERデータベースにも見当たらない。世界の準備通貨としては，依然としてドルの割合が高く，常に60％以上の割合を保っている。その次はユーロ，ポンド，円の順で，その4つの通貨の総割合は95％である。その他の通貨は5％程度である。2015年3月，HSBCが世界の72の中央銀行を対象に行った調査によると，外貨準備に占める人民元の割合は，15年末2.9％，20年6.9％，25年10.4％，30年12.5％と次第に高まるとされ，準備通貨としての人民元の利用は楽観視されている。

　また，外貨準備の保有主体をみると，新興経済国および発展途上国が全体の外貨準備の3分の2を保有している。したがって，外貨準備における人民元の割合を増やすには，それらの国々に選択されるよう努力しなければならない。その妥協策と考えられるのは，通貨当局による人民元建てスワップ協定である。2008年以降，中国は14の国・地域の通貨当局と通貨スワップ協定を相次いで締結し，各国の中央銀行における人民元の利用範囲を拡大した。2014年末には，人民元建てスワップの規模は3兆元に達した。スワップを通じて人民元を取得した各国はそれぞれ自国の国際経済活動のニーズに応じて，人民元の国際通貨としての役割を活用している（中国人民大学国際通貨研究所 2013）[7]。

　香港オフショア市場の設立以来，人民元は貿易決済に使われるだけではなく，人民元建ての債券や，人民元建て証券取引などの金融取引が盛んに行われるようになった。人民元は投資対象通貨になりつつある。また一部の国ではあるが，人民元はその国の通貨当局の準備通貨になった。そして中国は人民元建てスワップなどを利用し，その影響力を各国の通貨当局に広げ，主要

な準備通貨になるよう努力している。

3. 人民元国際化をめぐる課題

(1) 資本取引の自由化

いうまでもなく，人民元国際化において，最も大きな課題は資本取引の自由化である。資本取引の自由化については，IMFが早くから検討を重ねており，IMFが定める自由化の基準は各国から承認されていることから，それを基準に中国の資本取引自由化を議論しよう。

1996年以前は，「資本取引の支払い側に制限を加えなければ」当該国は基本的に資本取引の自由化が実現しているとされた（IMF 1996）。1997年のアジア金融危機勃発後，IMFは加盟国に対し，資本開放の認定を11項目[8]に細分化し，一国が預貸取引を開放し，かつ開放項目が6項目以上であれば，基本的に資本取引の自由化を実現しているとみなした。2008年の世界金融危機勃発後，IMFは資本取引の開放基準をさらに緩和した。

この一連の動きをみると以下のことがわかる。第一に，国際社会が認める資本取引の自由化とは，決してクロスボーダー資本の自由交換と資本移動の放任ではなく，管理された資本の自由交換と移動である。第二に，金融危機が勃発するたびにIMFが資本取引開放基準を緩和してきたことは，資本移動の完全放任が金融危機の原因の一つと考えているためではないだろうか。資本移動は，迅速かつ巨額で強い衝撃力をもつため，中国が慎重な姿勢を取るのは当然である。

国際通貨は資本取引の自由化と通貨の完全交換性を実現したものである。ただ，資本取引の自由化と通貨の国際化は概念的には別の事柄である。通貨が完全交換性を有していなくても，ある程度その国際化を進めることができる一方，完全交換性があっても，必ずしも国際化が進むとは限らない（金森2015）。したがって，国際通貨が果たすべき機能からみれば，資本取引の自由化は必要条件ではあるが前提条件ではない。すなわち人民元の国際化と資本取引の自由化は同時進行できると思う。

さらに，SDRは公的準備資産の役割を担うことから，その構成通貨は

IMF協定第30条（f）に定める自由利用可能通貨[9]でなければならない。その定義を見る限り，自由利用可能と資本取引の自由化とは別物である。すなわち，たとえ人民元が完全な資本取引の自由化を実現しなくても，主要為替市場における人民元の取引のシェアが増え続ければ，人民元がSDRの構成通貨になる上で決定的な障害にはならないといえよう。また自由利用可能通貨は，ある通貨が自由変動通貨か完全な交換性をもつかという問題ではなく，その通貨が広くかつ深い外国為替市場——その尺度は取扱高，先物市場の存在，狭い売買幅——をもっているかどうかが決め手となる（IMF 2010）。

そこで浮上してきたのは「管理された国際化」という考え方である。これは経済の実需に裏付けられた為替・資金取引と投機的取引を可能な限り区分して人民元市場を管理するために，国内市場とオフショア市場の内外分離策は維持される。資本自由化は漸進的かつ資本項目ごとに選択的に行われる（村瀬 2011a）。

周知のように国際金融のジレンマに従えば，一国において，自由な資本移動，独立した金融政策，固定相場制という3つの目標を同時に達成することはできない。日本を含む多くの先進国は，自国の中央銀行による独立した金融政策と自由な資本移動を確保する一方，変動相場制を採用することで為替相場の安定を犠牲にしている。それに対して，中国は今まで，独立した金融政策と固定相場の二つを選択し，資本移動を厳しく制限してきた。そこで妥協策として実施されたのは，国内市場と国際市場を分離し，国内で取引される人民元（CNY）と国際的に取引される人民元（CHY）[10]の二本立て制度であった。いわゆる一部の人民元のみ自由な取引が認められた。その分離策によって中国は国内の金融情勢の安定を保ちつつ，為替リスクの衝撃を経験することもできる。今後，その二つの市場をうまく統一できれば，資本取引の自由化と人民元の国際化が同時に実現するだろう。

最後に資本取引自由化の問題点として，中国特有の事情について少しだけ言及しておこう。中国は社会主義国家であり，資本取引の自由化を認めれば，外国資本が大量に国内に入り込むだろう。ならば，何をもって社会主義国家といえるだろうか。それは「中国的特色のある社会主義」と呼ばれるものであり，伝統的な社会主義概念とは違う。市場経済を進める中で，すでに

中国政府は社会主義国家の定義において政治と経済を分離しており，経済システムがどんなに資本主義国家に近づいても，共産党政権であるかぎり，中国は社会主義国家だという考え方である。

(2) 国内金融体制の整備

人民元の国際化をめぐるもう一つ重要な課題は国内金融体制がまだ整備されていないことである。中国の金融体制は銀行主導で，間接金融の規模が大きい。そして金利が十分に市場化されていないため，銀行預貸市場には本当の意味での価格メカニズムがない。国が貸出資金の源流を独占し，銀行の貯蓄預金，貸付利率に対する公定レートを通じて融資金を配給する。現在，貸付金利の上限と預金金利の下限の制限は撤廃されているものの，預金金利の上限と貸付金利の下限の金利差が自由化されていない。したがって国有銀行は中間業務を広げようとする積極性をもっていない。すなわち国内銀行の良好な営業状況は市場での競争から勝ち取ったのではなく，国の保護による結果である。人民元の国際化が進めば，いずれ中国の銀行業は外国銀行業と国際競争力を競うことになるだろう。

証券市場もまた成熟していない。2007年10月に，上海株式市場の総合指数は6124ポイントを記録したが，わずか1年後の2008年10月に1916ポイントまで下落した。また2015年1月19日，上海株式市場の総合指数は7.7％も下落幅を記録し，時価総額およそ3兆元が蒸発した。このような激しい動きを見せる中国証券市場は投資家の信頼を失い，その資金は不動産業界に流れ込んで，不動産価格の高騰をもたらした。

また政府には債券を発行して資金を調達する積極性があまりなく，国債の市場規模がやや小さい。通常，政府が公開市場操作やマネタリー・ベースのコントロールの政策を行うためには，国債市場の規模が重要な条件である。中国は国債の代替品として中央銀行手形を発行しているが，その手形の利息が実質インフレの形で社会全体が負担することになった。中国の中央銀行は政府から独立した政策を行うことが難しいのも問題である。

さらに，中国は独立した貨幣政策を実施することが困難である。中国の国際準備の構成における外貨準備の割合がきわめて高く，その外貨準備はほぼ

ドル建て資産である。アーサー（Arthur 2011）は，中国の外貨準備としての巨額のドル建て資産について，米中間の相互依存性が非対称であると踏み込んだ指摘をしている。中国は常に米ドルの動向を気にしながら貨幣政策を実施しなければならないので，保有するドル建て資産の売却により米国経済を破壊することはありえない。

おわりに

　上述した通り，人民元の国際化をめぐる課題は中国政府が資本取引の自由化を進め，投資対象通貨と準備通貨としての人民元の利便性と価値を高めることである。そして，資本取引自由化に伴う国内経済・金融の安定が損なわれることのないよう，金融改革を進めなければならない。

　中国はドル依存からの脱却という意識から人民元の国際化を進めてきたが，いまだ多くの課題を抱えている。人民元の信用力は不確実とされている。事実，SDR構成通貨の採用が発表された翌日から，市場で人民元売りが止まらない。人民元相場を維持しようと中国人民銀行が公開市場操作した結果，3か月ほどで1000億ドルの外貨準備が失われた。確かに，SDR構成通貨としての人民元はいずれ変動相場になるだろうが，短期的な為替相場の変動を気にする必要はない。しかし今まで管理相場制の下で発展してきた中国経済は，その状況に対応できるかどうかわからない。このことは人民元の信用力に大きなダメージを与えるかもしれず，中国自身も慎重な態勢を取らざるを得ない。国内で金利の自由化を推進し，国際的な資本規制の緩和はゆっくり進められていくだろう。

　短期的に，中国が直面しているのは資本取引の自由化である。それは資本規制を緩和する一方，不確実な国際経済環境における短期資金の投機的流動に対する規制が必要である。また，オフショア人民元市場の発展は人民元の国際化において重要な役割をもっている。長期的に，人民元の国際化が目指しているのはドル，ユーロとの3通貨による均衡的かつ新たな国際金融体制であろう。

　ドイツや日本の経験からみると，金利・為替レートの自由化などの金融改

革と資本自由化を実現したあとに通貨の国際化が進められてきた。それに対して中国は，国内の金融改革・資本取引の自由化・通貨の国際化を同時に進めようとしている。そういう意味では，人民元の国際化への道のりはより険しいものである。

注）
1) 当日，クリスティーヌ・ラガルド IMF 専務理事は「RMB を SDR 構成通貨に含むとする理事会の決定は，中国経済を世界の金融システムに統合していく上での重要な一里塚である。同時にこの決定は中国当局が同国の通貨金融システム改革で過去数年にわたり成し遂げた前進の承認でもある」と述べた。
2) ブレトンウッズ体制（金ドル本位制）のもとで，基軸通貨国である米国が，国際貿易の拡大に応じて，国際流動性を供給するためにドルを供給し続けると，米国の国際収支は赤字となり，ドルの信認は低下する。米国がドルの価値を維持するために国際収支を改善する政策をとると，国際流動性が不足し，世界経済の成長を阻害してしまう。
3) 円の国際化とは，日本のクロスボーダーの取引および海外での使用割合あるいは非居住者の資産保有における円建て比率が高まっていくことであり，具体的には，国際通貨制度における円の役割の上昇，および経常取引，資本取引，外貨準備における円のウェイトの上昇と考えられる（財務省『21 世紀に向けた円の国際化』による）。
4) 辺境貿易とは，中国と周辺国との国境線から 20 キロ以内で行われる国際貿易を指す。
5) 中国人民銀行は 2015 年から ODI および FDI 単独の集計をやめ，資本取引項目の総額のみ公開するようになった。
6) 香港で発行される人民元建て債券は主に 2 種類がある。1 つは点心債（Dim Sum bonds）と呼ばれるもので，計算単位と決済は人民元を用いる。もう 1 つは合成債（Synthetic bonds）と呼ばれるもので，計算単位は人民元だが，決済は米ドルである。
7) たとえば，アルゼンチンやマレーシア，インドネシアであれば，人民元は主に貿易決済として使われるが，ベラルーシでは準備通貨として利用されている。韓国では金融取引通貨として対中直接投資に使われている。
8) いわゆる 7 種類 11 大項目 40 小項目。
9) 自由利用可能通貨とは加盟国通貨であって，国際取引上の支払いを行うために現に広範に使用され，主要な為替市場において広範に取引されていると基金が認めるものをいう。
10) 自由に取引できる人民元は主に香港オフショア市場で運用されるため，China-Hong Kong-Yuan と呼ばれている。

参考文献
Arthur, K. (2011), "The Chinese Yuan Grows up Slowly: Fact and Fiction about China`s

Currency Internationalization," *New America Foundation.*
Bergsten, C. F.（1975）, "The Dilemmas of the Dollar: the Economics and Politics of United States International Monetary Policy," *Published for the Council on Foreign Relations,* New York University.
Cohen, B. J.（1971）, *The Future of Sterling as an International Currency,* Macmillan.
Hartmann, P.（1998）, *Currency Competition and Foreign Exchange Markets: The Dollar, the Yen and the Euro,* Cambridge University.
Dobson, W. & Masson, P.（2008）, "Will the Renminbi Become a World Currency?," *China Economic Review.*
Eichengreen, B.（2011）, "The Renminbi as an International Currency," *Journal of Policy Modeling.*
IMF（1996）, "Annual Report on Exchange Arrangements and Exchange Restrictions, ARFAER ".
IMF（2010）, "Review of the method of valuation of the SDR".
Ito, Takatoshi.（2011）, "The Internationalization of the RMB: Opportunities and Pitfalls", *Council in Foreign Relations.*
Krugman, P.（1980）, "Vehicle Currencies and the Structure of International Exchange," *Journal of Money,* Credit and Banking.
Lee, J.W.（2010）, *Will the Renminbi Emerge as an International Reserve Currency,* Asian Development Bank.
Prasad, E. & Ye, L.（2012）, *The Renminbi's Role in the Global Monetary System,* Brookings.
Rey, H.（2001）, "International Trade and Currency Exchange," *Review of Economic Studies.*
Subramanian, A.（2011）, "Renminbi Rules: The Conditional Imminence of the Reserve Currency Transition," *Working Paper for Peterson Institute for International Economics.*
Subramanian, A. & Kessler, M.（2012）, "The Renminbi Bloc is here: Asia Down, Rest of the World to Go?," *Working Paper for Peterson Institute for International Economics.*
IMF（2015）,「IMF 理事会，2015 年の SDR 評価の見直しを終了」No. 15/ 543
薛軍（2013）,「中国辺境地帯にみる人民元の国際化」『最新中国金融・資本市場』第 2 章，金融財政事情研究会
金森俊樹（2015）,「加速する人民元の国際化」『金融財政ビジネス』第 10496 号，時事通信社
村瀬哲司（2011a）,「人民元市場の内外分離策と「管理された」国際化」『国際経済金融論考』国際通貨研究所
―――――（2011b）,「人民元オフショア市場と「管理された」国際化」『経済学雑誌』日本評論社
中国人民大学国際通貨研究所（2013）,『人民元国際化への挑戦』（岩谷貴久子・古川智子訳）科学出版社東京
巴曙松（2012）,「人民币国际化的进程，挑战与路径」『东方早报』
曹远征（2011）,「人民币国际化：缘起与发展」『国际金融』
周小川（2011）,「人民币国际化中国不着急」『21 世纪经济报道』

―――― (2012),「人民币资本项目可兑换的前景和路径」『金融研究』

その他の資料
COFER データベース(IMF)
中国貨幣政策執行報告書(中国人民銀行)

第8章
アメリカの協同組織金融機関の現状と課題
—クレジットユニオンを中心に—

谷川 孝美

はじめに

　クレジットユニオン[1]は，メンバーによって管理運営される営利を目的としない協同組織金融機関であり，コモンボンド（common bond「共通の紐帯，きずな」）といわれる職業や居住地域など共通の関係を表す「つながり」を基本としているところに特徴がある。

　本稿では，アメリカのクレジットユニオンの現状を確認し，その歴史とサブプライムローン問題に端を発した世界的な金融経済危機における対応等を概観する。これらを通じて，アメリカのクレジットユニオンは小規模で伝統的な協同組織金融機関としてのクレジットユニオンと，大規模で商業銀行と同じような金融機関としてのクレジットユニオンに分類される。さらに，この規模の相違や，クレジットユニオンの伝統を背景とする理事報酬への対応などが，クレジットユニオンの運営に与える影響を考察することを目的とする。

1. クレジットユニオンの現状

　アメリカのクレジットユニオン数は2015年末現在，6259であり，そのうち，連邦法によるものが3762，州法等によるものが2497である[2]。総資産は1兆2192億ドルであるが，その平均は1億9850万ドルとなる。商業銀行と比較すると，商業銀行は同年で，5338行[3]であり，総資産14兆8934億ドル，平均資産28億ドルである。商業銀行と比較すると全体として資産規

模は 10 分の 1 未満である。また，表 1 が示しているように，2014 年末における総資産 1 億ドル未満のクレジットユニオンは 4971，全体の 76.3％であり，1000 万ドル未満では，2055，31.6％となる。全体としては，かなり小規模な金融機関ということができる。

だが，アメリカにおける最大のクレジットユニオンは，Navy Federal Credit union で総資産 581 億ドル，ついで，State Employees Credit union, 283 億ドル，Pentagon Federal Credit union 176 億ドル，Boeing Employees Credit union, 126 億ドル，Schools First Federal Credit union, 103 億ドルなどとなっており，100 億ドル以上の大規模なクレジットユニオンは 5 つある。このように，日本における地方銀行中位行以上の資産規模をもつ非常に大規模なクレジットユニオンもある。

なお，クレジットユニオンが提供している金融サービスについてみると，総資産 200 万ドル未満の小規模なクレジットユニオンは，預金[4]，貸出といった基本的な業務だけを行っているものが多く，平均預金残高は 2850 ドル，平均貸出残高は 4400 ドルである。総資産 500 万ドル以上のクレジットユニオンになると預金，貸出をはじめ，税制優遇付きの個人退職勘定（IRA），カードローンおよび ATM サービスなど，商業銀行と同様の金融サービスを提供するものが多くなる。さらに 5 億ドル以上では，小口決済システムである自動決済機関（Automated Clearing House ; ACH）が利用可能となり，ビジネスローンも提供している。さらに支店としてのオフィスを複数もつようになる。また，平均預金残高は約 1 万ドル，平均貸出残高は約 1 万 4000 ドルである。

クレジットユニオンを利用するためには，メンバーとなる必要があるが，そのメンバー数の合計は約 1 億 500 万人であり，資産規模に比べ非常に多いことがわかる。これは，アメリカの総人口が 3 億 1500 万人程度であることを考慮すると，約 3 分の 1 であり，労働人口についてみると，45％程度とさらに大きな値となる。このようにアメリカでは多くの人がクレジットユニオンに参加している。

規模別によるクレジットユニオンの平均メンバー数では，20 万ドル未満では 420 人，500 万ドル以上 1000 万ドルで 1440 人，5000 万ドル以上 1 億ド

表1　クレジットユニオンの規模別分類（2014年末）

20万ドル未満	76
20万ドル以上100万ドル未満	309
100万ドル以上1000万ドル未満	1670
1000万ドル以上5000万ドル未満	2129
5000万ドル以上1億ドル未満	787
1億ドル以上2億ドル未満	589
2億ドル以上10億ドル未満	724
10億ドル以上20億ドル未満	138
20億ドル以上50億ドル未満	69
50億ドル以上100億ドル未満	17
100億ドル以上	5
合　計	6513

（出所）　Credit Union Report より作成

ル未満では1万人弱，5億ドル以上100億ドル未満では，6万人弱となる。先に挙げた利用可能な金融サービスの規模別分類を含めて考慮すると，クレジットユニオンの性質が資産規模により異なることが考えられる。小規模なクレジットユニオンでは，金融サービスの多様性では商業銀行よりも大きく劣るが，メンバー数が少ないことから，メンバー間の関係性は深いであろう。しかし，大規模なものでは，商業銀行と同様の金融サービスを提供しており，平均預金残高は，総資産200万ドル未満のクレジットユニオンと比較して約3.5倍，平均貸出残高は，同じく約3.2倍であり，金融機関としてより多く利用されていることが示されている一方で，メンバー数が非常に多いため，必然的にメンバー間の関係性は希薄になるであろう。

　なお，経営指標について見ると，2015年末では，自己資本比率10.9％，延滞率0.81％，預貸率75.1％である。商業銀行は自己資本比率11.3％，延滞率1.54％，預貸率81.1％である[5]。自己資本比率預貸率では若干低いものの，延滞率ではクレジットユニオンが良い数値を示している。また，サブプライムローン危機があった2007～12年の期間を考慮すると，延滞率や不

良債権償却率では，平均して，商業銀行の3.73％，1.43％に対してクレジットユニオンは1.44％，0.89％となり商業銀行よりも，クレジットユニオンの数値が低い。さらに，この間の商業銀行破綻数は465行であるのに対して，クレジットユニオンは124である[6]。このようなことから，危機下でも相対的に健全な経営をしていたことが推察される。

　さらに，図1，2から預金金利，貸出金利についてクレジットユニオンと商業銀行を比較すると，預金金利ではクレジットユニオンが高く，貸出金利ではクレジットユニオンが低い。このことから，商業銀行と比較して，クレジットユニオンは利ざやが低く，メンバーである利用者に対してより有利な金利を提示している。このことからも営利を目的としていない経営と見ることができよう。

　今日のクレジットユニオンは，従来の預金，貸出機能だけでなく，預金取扱金融機関としての決済機能も重視されている。そのため，比較的規模の大きなクレジットユニオンでは，当座預金口座，クレジットカード，ATM，デビットカード，ネットバンキングなどの金融サービスに対するメンバーの需要が大きい。しかし，これらの金融サービスを提供するためには，それに対応するための専門のスタッフや設備投資が必要となる。すでに述べたように多くのクレジットユニオンでは小規模であるため，個々のクレジットユニオンでは資金的余裕がなく，単独でサービスを提供することが困難な場合が多い。そこで，個々のクレジットユニオン（natural person credit unions）をメンバーとするクレジットユニオンであるコーポレートクレジットユニオン（Corporate Credit Union）を設立することで，これらの需要に対応している[7]。コーポーレクレジットユニオンは，決済サービス，資金移動，流動性サービス，投資サービスを，メンバーであるクレジットユニオンに対して提供している。

　コーポレートクレジットユニオンは，1968年に運営を開始し，その後，ほぼ各州に設立され，最大で46設立された。その後，合併等を経て，2014年12月末現在で14となっている。

　コーポレートクレジットユニオンの機能を具体的にみると，自動決済機関（Automated Clearing House；ACH）を通じた電子決済では，5億ドル以上の大

第8章 アメリカの協同組織金融機関の現状と課題

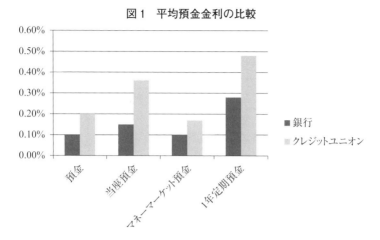

図1　平均預金金利の比較

（出所）　CUNA, Credit Unions & Banks Fallacies, Facts and Recent Trends Year-End 2014 より

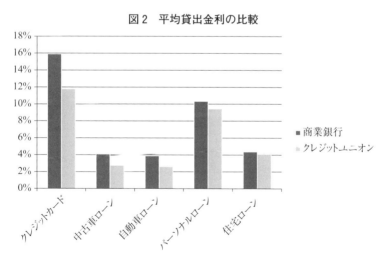

図2　平均貸出金利の比較

（出所）　CUNA, Credit Unions & Banks Fallacies, Facts and Recent Trends Year-End 2014 より

187

規模なクレジットユニオンでは直接決済するものもあるが，それ以外ではコーポレートクレジットユニオンが集計し決済している。また，小切手決済ではコーポレートクレジットユニオンが集計し，連邦準備銀行制度で決済している。

さらに，個別のクレジットユニオンにおける流動性の調整にもコーポレートクレジットユニオンが大きな役割を果たしている。小規模なクレジットユニオンでは，資金決済における過不足が一時的に生じた場合，コーポレートクレジットユニオンが短期資金の供給を行っている。さらに，より長期の資金変動に対しては，資金余剰の場合，コーポレートクレジットユニオンを通じて金融市場等で運用することができ，資金不足の場合には，保有債券等を市場で売却することなどを通じて資金調達することができる。

2. アメリカにおけるクレジットユニオンの変遷の概要

クレジットユニオンの起源は，19世紀のイギリスにおけるロッチデール公正先駆者組合に影響を受けたドイツの Schulze, Raiffeisen に遡る。庶民が協同で，銀行やローンシャークと呼ばれる「高利貸し」に替わる自らの金融機関を設立する意識が高まり，都市部では Franz Hermann Schulze-Delitzsch が，農村部では Friedrich Wilhelm Raiffeisen が世界で初めて協同組織金融機関を設立した。

その後，協同組織金融機関は欧州に拡大し，北米ではカナダを経由して，アメリカに伝播していった。カナダでは，ケベック州で Desjardins によるケースポピュレーレ（庶民金庫）が設立されたが，カナダ全域に拡大することはなかった。

一方，アメリカでは，1909年にニューハンプシャー州で，ケベックからの移民を中心にして，アメリカ最初のクレジットユニオンといわれるセントメアリー協同信用組合（St. Mary's Cooperative credit Association）が設立された。また，同年に，マサチューセッツ州で Filene, Pierre Jay, Desjardins により，クレジットユニオンの一般法が制定された。このマサチューセッツ州法によるクレジットユニオン法は，その後の連邦クレジットユニオン法の基

礎となっている。

　当時のクレジットユニオンは，基本原則を，すべてのメンバーが同じ権利をもつ公平性と，一人一票といった民主主義とし，その目的はメンバーの貯蓄増強と信用供与の手段の提供にあった[8]。現在と同じく，メンバーとなるためにはコモンボンドが必要であり，コモンボンドは近隣住民，共通の職業，同一企業で働いていること，同じ教会やクラブへの所属，あるいは，労働組合などであった。しかし，メンバーを制限することは閉鎖的な小集団をつくることとなり，協同組合やクレジットユニオンの趣旨とは異なるため，コモンボンドを持つものであるならば，メンバーを制限するべきではないともしている。

　1900年代前半では，一般市民が病気などで一時的に資金が必要となった場合に，その資金を貸出する金融機関がなかったことがクレジットユニオンの発展に寄与しているといわれる[9]。銀行は企業あるいは富裕層に対して営業をしており，一般市民が資金を借りる場合，ローンシャークと言われる高利貸しに頼るしかなかった[10]。それゆえ，比較的低利で貸出をするクレジットユニオンの利用者が増加した。

　クレジットユニオンは1929年10月のウォール街大暴落に端を発した大恐慌の影響をあまり受けていない。その理由として，営利を目的としない協同組織の特性によりメンバーのための貸出を行っていたことや，コモンボンドに基づくためメンバー同士の相互理解による情報の非対称性低減によるものであると考えられる。また，大恐慌の影響により，多くの市民が失業し生活に困窮していたが，生活のための信用を得る方法がないため，クレジットユニオンへの期待が高まった。このことが，1934年の連邦クレジットユニオン法（Federal Credit Union Act）成立に大きく影響したと言われる。

　翌年の1935年には，アメリカ国内のクレジットユニオン運動の育成と海外におけるクレジットユニオン運動の支援を目的とした全米クレジットユニオン協会（Credit Union National Association；CUNA）が設立された。

　アメリカにおけるクレジットユニオンは，当初，教会を中心としたコモンボンドにより設立されていたが，1920年代になると企業の福利厚生の一部として，クレジットユニオンが創設されるようになり，職域に基づいたコモ

ンボンドによるクレジットユニオンが増加していった。これは，移民が多いアメリカでは，資金を稼ぐことを目的とした出稼ぎも多く，そのため，労働争議が多発し企業経営に影響を与えていたこと，賃金がよい職場に転職するといった雇用問題があった。企業は労働力を確保する目的から，福利厚生の一環としてクレジットユニオンを利用した。そのため，クレジットユニオン職員の一部給料を企業が支払う場合や，企業内に事務所を設立し，その費用を援助することなどが行われたことによる[11],[12]。

その後もクレジットユニオンは拡大，成長しており，1950年代では，クレジットユニオン数は1万586から1万9512とほぼ2倍となり，総資産も10億ドルから50億ドルとなっている。また，1960年代は，同じく，2万94から2万3866と3772増加し，総資産は，56億5000万ドルから158億5000万ドル増加している。60年代は50年代に比べるとその割合は低下するが，大きく拡大している。この50，60年代はアメリカにおける戦後の発展期であり，住宅，自動車，家電製品といった耐久消費財が普及し，大衆消費社会となった。その一方で，商品を購入するための消費者金融のニーズを満たす金融機関がなく，その需要をクレジットユニオンが満たしたために大きく発展した。1970年代では，マクファーデン法による支店規制や州際業務規制，レギュレーションQによる上限金利規制があったが，クレジットユニオンは適応されなかったため，商業銀行に比べ競争環境が優位にあったことも発展に寄与していると考えられる。

このように，1940年代後半から1970年代にかけてクレジットユニオンは大きく進展しており，同期間におけるメンバーの平均増加率は8.4%であり，総資産の平均増加率16.4%を示している。

3. クレジットユニオンにおけるコモンボンド問題

コモンボンドは，連邦クレジットユニオン法などでメンバーとなることができる要件として厳格に定義されていた。その要件は，職域（occupation），団体（association），地域（location）の3種類であった。職域によるコモンボンドは，同一の会社，工場に勤務することなどが必要であり，団体による

コモンボンドは，業界団体，医師会，弁護士会などの職能団体や労働組合などに加入していること，地域によるコモンボンドでは，一定の地域内に居住していることなどが条件となっていた。

1970年代では，職域によるコモンボンドによって成立しているクレジットユニオンが約7割程度を占めていた。コモンボンドに基づくメンバーは，互いに共通のつながりをもつため，すでに相互の関係が緊密である。そのため，他の金融機関に比べ情報の非対称性は低減しているということができよう。その結果，貸出の増加，他の金融機関と比べ不良債権が少ないなど，クレジットユニオンの発展に影響を及ぼしている。

しかし，70年代の不況期ではクレジットユニオン数は減少となった。60年代のクレジットユニオン数では3772，率にして18.8％の増加となっていたが，1970年から1979年では，2万3687から2万1981まで，1706，率にして7.2％の減少となっている。この減少には，景気悪化の影響を受け職域におけるクレジットユニオンが経営難となる場合も含まれる。しかしそれ以外に，コモンボンド規定が厳格に適応されていたため，クレジットユニオン自体の経営が比較的健全であっても，企業破綻によりコモンボンドが消滅するため，破綻企業と共に解散しなければならなかった。その一方で70年代における総資産推移をみると，70年の179億ドルから79年では641億ドルと大きく増加しており，クレジットユニオンそのものが否定されているわけではないことが推察される。

さらに，同時期にアメリカにおける金融の規制緩和が実施されたが，それによる金融機関間の競争激化もクレジットユニオンの経営に悪影響を及ぼした。クレジットユニオンも他の金融機関と同様に多様な金融商品やATMなど導入のための費用が大きくなったため，小規模なクレジットユニオンでは導入できないなどの困難が発生した。このようなことから，クレジットユニオンはコモンボンドの制約を緩めることを望むようになった。

この結果1982年には，クレジットユニオンはメンバーの家族の加入を認め，コモンボンドの解釈を拡大した。その後，1997年には個別の企業だけでなく，類似の職業など関係を持つ複数の企業や団体にまたがるコモンボンドも認め，これにより合併が可能となった。

しかし，商業銀行など他の金融機関からは，クレジットユニオンが受けている内国歳入法第501条C項による税制上の優遇措置が競争上不公平であるとの批判が大きくなり，法廷闘争となった。最終的にはアメリカ最高裁でクレジットユニオンの敗訴が確定した。

　このようにコモンボンドの解釈を拡大することは認められなかったが，それに対して，1998年8月に，コモンボンドに対する新たな法案であるクレジットユニオン・メンバーシップアクセス法（Credit Union Membership Access Act；CUMAA）が成立した。この法案ではコモンボンドに対する従来の定義が変更され，2つ以上のコモンボンドからなるマルチコモンボンドが新たに認められるようになった。

　この新しい法案成立の背景には，クレジットユニオンのメンバーが非常に多く，政治的な影響力を持っていたことによると考えられる。

　変更された，コモンボンドについて具体的には以下の通りである。

① 職域による単一のコモンボンド（occupational common bond）

　同一の企業，職場，学校などによるもの。なお，地理的な制限はない。さらに，業界，専門職など（trade, industry, profession；TIP）に所属する人たちによるコモンボンドも含むが，TIPによる場合はマルチコモンボンドや地域に変更することはできない。また，コモンボンドの範囲における認可後の変更は，既存のメンバーの同意を得ることができる場合にのみ可能である。

② 団体による単一のコモンボンド（associational common bond）

　教会やPTA，校友会，学生団体のメンバーによるものや，業界団体，職能団体（職業ごとに組織された団体，医師会，弁護士会など），労働組合によるもの。

　地理的な制限はなく全国的に活動することができるが，全米クレジットユニオン協会（CUNA）によりその地理的範囲を制限されることがある。

③ 2つ以上の職域，団体によるコモンボンドによる複数コモンボンド（multiple group common bond）

　単一のコモンボンドを組み合わせることが認められているが，それぞれの単一のコモンボンドが必要である。また，合理的な地理的範囲であることといった営業区域に制限がある。

④　地域（community charter requirements）

単一のコミュニティ，近隣などに基づき，町や市などの行政区域やその周辺といったように地理的に明確に定義されたものである。また同一地域内に複数のクレジットユニオンが活動することも可能である。

これら以外に，低所得者のためのクレジットユニオン（low-income credit union）や金融サービスが不十分な地域へのサービス（service to underserved communities）といった定義によるものもある。低所得者には全賃金所得者の平均所得の80％未満，あるいは，年間の家計所得が全国の中央値より80％以下の人たちや学生なども含まれる。また金融サービスが不十分な地域へのサービスは既存のクレジットユニオンが当該地域へのサービスを提供するものであり，貧困生活者の割合が20％以上である地域などと定義されている。2014年末では，居住が35.6％，団体が8.2％，職域が27.5％，複数コモンボンド28.7％となっている。

クレジットユニオン数は，新たなコモンボンドに対する法案が成立した後も減少し続けており，1998年末の1万1392から，2015年末では，6259までとなっている。その一方で，メンバー数は，1998年末の7562万人から1億496万人に増加している。また，総資産は3989億ドルから1兆2278億ドルへと大きく増加している。これらの数値は，クレジットユニオン数の減少が破綻などによるものではなく，合併などによることを示唆している。

4.　世界的な金融経済危機とクレジットユニオン

(1) コーポレートクレジットユニオンにおける影響

2007年のパリバショックに始まったサブプライムローン問題は，その後，世界的な金融経済危機を引き起こした。その影響についてクレジットユニオンを見ると，先にあげた事例により全体として，銀行に比べ大きな影響を受けていないと言うことができよう。

しかし，コーポレートクレジットユニオンについてみると，銀行などと同様に住宅ローン担保証券や資産担保証券の損失により大きく影響を受けている。例えばUSセントラルは総資産の約80％が投資有価証券であり，2007

年12月末時点では売却可能有価証券の56.7%が住宅ローン担保証券に，32%が資産担保証券に投資されていた。住宅ローン担保証券や資産担保証券は大幅に下落し，2008年9月末におけるUSセントラルの損失は38億ドルであった。

　コーポレートクレジットユニオンが住宅ローン担保証券に投資した経緯について見ると，コーポレートクレジットユニオンは金融商品に投資をする場合には，安全性を考慮し，AA，AAA格付の債券に投資をすることになっていた。民間住宅ローン担保証券は，組成時に優先劣後の分類から高い格付を得るだけでなく，モノラインといわれる保険会社による保証があったため，非常に高い格付となっていた。また，その時点までに問題となった住宅ローン担保証券はなかった。一方，アメリカ連邦債は金利が低いため，結果として，高格付，高利回りであった住宅ローン担保証券投資となった。さらに，もう一つの理由として，コーポレートクレジットユニオンが流動性不足に陥った場合，連邦住宅貸付銀行（Federal Home Loan Banks；FHLBs）と連邦準備の割引窓口で，保有債券を元に借り入れできるが，この場合，高い格付の債券が要求されることや，FHLBsを利用するためには，FHLBsに出資し，クレジットユニオンの貸出のうち10%を住宅ローンにする必要があった。そのようなことも，住宅ローン担保証券への投資につながったと言われる[13]。

　このような危機的状況において，全米クレジットユニオン管理庁（NCUA）理事会では，USセントラルに対して10億ドルの資本注入を行い，すべてのコーポレートクレジットユニオンの預金を2009年2月末まで保証すること，コーポレートクレジットユニオン・システムを再構築するために公的規制を制定する，全米クレジットユニオン預金保険基金（National Credit Union Share Insurance Fund；NCUSIF）の準備金比率を維持するために，保険料を賦課することなどを決定した。

　その後，NCUAは，すべてのコーポレートクレジットユニオンが保有している不動産担保証券および資産担保証券の分析とストレステストを行った結果，大きなリスクがあると判断したため，コーポレートクレジットユニオンを管理下に置いた。また，2009，10年には5つのコーポレートクレジッ

トユニオンが破綻処理され，その際には，コーポレートクレジットユニオン破綻処理計画原則に則って行われた。

　コーポレートクレジットユニオン破綻処理計画原則では，クレジットユニオンとクレジットユニオンの9000万人を超えるメンバーに対し，決済サービスの中断が生じないようにすること。クレジットユニオン制度における信頼性を維持すること。健全な公共政策原則と調和させて長期費用を極小化すること。クレジットユニオンによる選択の幅を最大化する一方で，新たな規制の枠組みへの整然とした移行を促進することがうたわれている。そのため，破綻処理においては，各コーポレートクレジットユニオンの即時の清算ではなく，「NCUA 保証債券」プログラム（National Credit Union Administration Guaranteed Notes Program, NGN Program）による不良債権の証券化手法が採用された。

　NCUA 保証債券プログラムでは[14]，まず，破綻したコーポレートクレジットユニオンは，事業を継承するブリッジ（Bride）と不良債権の管理する資産管理部門（Asset Management Estate）に分離し，資産管理部門は，破綻したコーポレートクレジットユニオンが保有していた不良債権を引き受けた後に NGN 信託に移管する。NGN 信託は不良債権から生じるキャッシュ・フローを担保とした NGN を発行し，連邦政府保証資産担保証券として投資家に販売することで破綻処理をするものである。2011年6月に完了したが，NCUA は283億ドルの資金調達を可能とした。

　また，NCUA は，コーポレートクレジットユニオンの破綻処理に関する費用として，33億ドルを各クレジットユニオンに求めているが，その一方でコーポレートクレジットユニオン破綻処理計画原則に則って，メンバーであるクレジットユニオンに対する費用を最小化するために，破綻したコーポレートクレジットユニオンに欠陥のある不動産担保証券を組成・販売した金融機関等に対して損害賠償を請求し，重要なリスク開示を怠ったとして訴訟を起こしている。その結果，一部は和解金として，ドイツ銀行証券とシティグループより1億6550万ドルを受領したが，これらはコーポレートクレジットユニオン制度の損失を最小化に寄与している。

　今回の問題をもとに NCUA 理事会は，コーポレートクレジットユニオン

の規制を強化した。これには，連邦預金保険法のもとで銀行に義務づけられる要件や，サーベンス・オクスリー法（米国企業改革法の一つ）に基づく上場企業に義務づけられた要件と同じ内部統制と報告要件を満たすこと。独立したリスク管理専門家が配置されたコーポレートクレジットユニオン全体に対するリスク管理委員会を設置すること。理事による投票をすべて記録投票とし，議事録に記載すること。コーポレートクレジットユニオンの上級執行役が兼職するコーポレートクレジットユニオンサービス会社から受け取る報酬の開示。コーポレートクレジットユニオンの内部留保増強のために，妥当な手数料を徴求する認可などが含まれるが，内部統制の強化，透明性の向上，説明責任の改善のための規制強化であった。

　このことは，協同組織金融機関であっても，株式会社の銀行と同様に，経営に対する専門性と，その経営を統制するための手段の必要性を示している。今までの三位一体といわれるクレジットユニオンの運営とは異なる方向に進んでいると考えられよう。

(2) 個別のクレジットユニオンにおける影響

　すでに述べたように，銀行と比較して，破綻数などから個別のクレジットユニオンはそれほど大きな影響を受けていないように思われる。ここでは，住宅ローンなどの債権管理を中心に考察する。

　サブプライムローンが問題になったころ，住宅市場も大きく悪化していたが，クレジットユニオンに対する影響は限定的であった。特に他の金融機関の住宅ローン利用者がクレジットユニオンでの借り換えをする例があり，クレジットユニオンの住宅ローン貸し付けは 2007 年 9 月末で，2006 年と比較して 5％上昇していた。

　次に，住宅ローンの債権管理についてみると，貸倒損失率は，2007 年前半で 0.02％年率換算すると貸倒損失率は 0.44％であった。

　このようにクレジットユニオンでは貸倒損失率だけでなく延滞率も低いが，その理由は住宅ローン貸し付けに対して消極的であったためではない。リスクの高い低中所得者への住宅ローン貸し付けの割合が全体に対して多いことから，積極的な住宅ローン貸し付けが行われていたと考えることもでき

よう。

　サブプライムローンによる金融危機は，クレジットユニオンにとって，メンバーを増加させる機会でもあった。クレジットユニオンは，銀行よりも安定した自己資本をもち，貸出などの債権管理に対しても問題が少ないといった経営の安定性があること。さらに，今回のサブプライムローン問題を発生させた原因が銀行や住宅ローン会社にあるため，それらに直接関与していないクレジットユニオンに対してよい評価を与える可能性がある。

　また，銀行は株式会社であるため短期的な収益を維持しなければならない。それゆえ，今回の危機に対応するために，一時的なサービス削減，手数料の引き上げ，預金金利の引き下げおよび貸出金利の引き上げといった，利用者に負担の増加を求める必要があった。その一方で，クレジットユニオンは，営利ではなく，利用者に対して金融サービスを提供することを目的としているため，相対的に優位な状況にあるといえよう。

　さらに，危機的状況下では，住宅ローンや中小企業貸出の利用者や申請者は，いままでよりも高い金利や貸出条件が厳しくなる可能性がある。これらの申請者はクレジットユニオンにとって良い利用者になる可能性が高く，メンバーを増やす機会ということができる。

　実際に，クレジットユニオンにおけるメンバー数は，1998年の7562万人から2015年では1億496万人，預金量は3493億ドルから1兆290億ドル，貸出量は2523億ドルから7993億ドル，総資産は3989億ドルから1兆2278億ドルへと大きく増加している。

(3) 世界的な金融危機からの示唆

　上記のように，世界的な金融危機では個別のクレジットユニオンは悪影響をほとんど受けず，コーポレートクレジットユニオンではUSセントラル，ウエスタン・コーポレートなどが破綻するなど大きく影響を受けた。この相違には，コーポレートクレジットユニオンが個別のクレジットユニオンの余資運用を行っているなど，運営方法の違いが影響していることもある。だが，NCUA理事会がコーポレートクレジットユニオンの規制を強化したように，資金運用に対する専門性の不足も指摘できるであろう。先に述べたよ

うにコーポレートクレジットユニオンが住宅ローン担保証券に投資した経緯では，本来ならば，その証券の組成内容なども考慮に入れる必要があるが，高格付債券であることが主な根拠になっていた。

　このことは，クレジットユニオンにおけるボランティア理事による運営が大きく影響していると考えられる。連邦法では，理事に対しては，1名を除き基本的に無報酬のボランティアであること規定しているが，実際にそのほとんどが無報酬である。また州法では，理事報酬は各州により自由であり，いくつかの州では理事報酬を認めているところもあるが，州法によるクレジットユニオンもその多くが無報酬のボランティア理事による運営である。多くのクレジットユニオンが理事の無報酬を選択する理由には，報酬を払う余裕がない，あるいは，免税措置に対して不利な影響を与えるのではないかとの考えがあるだけでなく，クレジットユニオンの歴史的な背景により，メンバーの多くが無報酬であるべきだとの考え持っていることにもある。そのため，理事報酬を可能とするのは困難な部分もあり，金融に関する専門的な判断を含めた，高度な経営判断ができる人材を確保することが困難となっている。今回のコーポレートクレジットユニオンにおける問題だけでなく，大規模なクレジットユニオンにおいても，経営の専門性に関する問題があることに注意が必要であろう[15]。

おわりに

　アメリカにおけるクレジットユニオンは，世界的な金融危機下にあっても，利用者であるメンバーは増加し続けている。これは，クレジットユニオンがアメリカで，継続的に広く受け入れられていることを示している。

　本章では，クレジットユニオンの特徴であるコモンボンドが，成長要因である一方で，大規模化するなかでは成長の阻害要因であること，また，その対応として，従来のコモンボンドの解釈を変更するクレジットユニオン・メンバーシップアクセス法を施行させたことを確認した。このような変化のなか，クレジットユニオンは伝統的な性質をもつ小規模なものと，商業銀行と同じような多くの金融商品を取り扱う金融機関である大規模なクレジットユ

ニオンに分類される。大規模なクレジットユニオンとして，特に，個別のクレジットユニオンをメンバーとし，クレジットユニオン間あるいは他の金融機関との間の決済機能をもつコーポレートクレジットユニオンでは，その経営に高度な専門性などが必要であり，その人材確保のためにはクレジットユニオンの理念を含めた歴史的背景とは異なる有給の理事の必要性が指摘されている。

このように，クレジットユニオンは，従来の伝統と新しい環境に対応するための変化に曝されている。しかし，クレジットユニオンはメンバーによるメンバーのための運営を行う金融機関である。それゆえ，メンバー自身の判断により，それぞれのクレジットユニオンの方向性は決まるといえよう。

注)
1) クレジットユニオンを利用するためには，メンバーになる必要があるが，その際には，コモンボンドに基づく必要がある。また，メンバーの資格を得るためには，預金を一定額保有する必要がある。多くの場合，最低預金残高は 20 ドル前後である。また，アメリカ財務省は，クレジットユニオンがもつ次の特徴から，銀行や貯蓄機関（Savings and Loan Association）など他の預金取扱金融機関とは異なるものであるとしている。①クレジットユニオンはメンバーによって所有，管理される預金取扱金融機関であり，議決権について「一人一票」の原則を掲げ民主的な経営を行っている。②その運営は，メンバーによって選出された無給のボランティアによる理事会が行っている。③利益のための経営を行わない（not for profit）。④メンバーおよび将来メンバーになりえる地域住民などに対して金融リテラシー向上のために金融教育などを実施するなど，公共的な目的を掲げながら運営を行っている。⑤クレジットユニオンを利用するためにはメンバーになる必要があるが，そのためにはコモンボンドに基づき，メンバーが限定されている。United States Department of the Treasury, *Credit Unions*, December 1997, pp.1-2.
2) クレジットユニオンは，銀行と同様に，連邦法による認可と州法による認可のいずれかを選択して，設立することができる。
3) FDIC, *Statistics At A Glance. as of December 31, 2015.*
4) クレジットユニオンでは，預金を deposit ではなく，share としている。なお，クレジットユニオンのメンバーとなるためには，最低預金残高として，一定額以上を預金する必要がある。
5) FDIC, ibid.
6) CUNA, *Commercial Banks And Credit Unions, Year-End 2012.*
7) 日本の信用金庫における信金中金と同様である。
8) Arthur H. Ham and Leonard G. Robinon（1914），*A credit union primer*, Division of

remedial loans Russell sage foundation.
なお，当時のクレジットユニオンは，理事会の決定により，share とは異なる預金（deposit）を受け入れることも可能であった。
9) Whitney, Edson Leone (1922), *Cooperative credit societies (credit unions) in America and in foreign countries*, Washington Government Printing Office.
10) 高利貸しによる金利は，年利 500％との報告もある。Arthur H. Ham and Leonard G. Robinon (1914), *op.cit.*, p.6.
11) 森静朗（1969）『アメリカの中小金融機関』pp.87-94
12) 森中由貴（2008）「20 世紀初頭のアメリカにおけるクレジット・ユニオンの普及と社会的背景（下）」『経営研究』大阪市立大学経営学会，第 59 巻第 2 号 pp.57-60．
13) 古江晋也（2009）「米国クレジットユニオンと預金保険制度」『農林中金』農林中金総合研究所，第 62 巻第 9 号。
14) National credit union administration (2012), *Annual Report 2011*.
15) Matt Fullbrook (2015), "*Should Credit Unions Pay Their Directors?*," Filene. 職員については有給であるため，高度な専門知識を持つ人材を確保することが可能である。しかし，経営判断は理事会で行うため，理事にも高度な専門性が必要である。

参考文献
Arthur H. Ham and Leonard G. Robinon (1914), *A credit union primer*, Division of remedial loans Russell sage foundation.
Credit Union National Association (2013), *Credit Union Report Year-End 2012*.
http://www.cuna.org/Research-And-Strategy/Credit-Union-Data-And-Statistics/
Matt Fullbrook (2015), "*Should Credit Unions Pay Their Directors?*," Filene.
National Credit Union Administration (2003), *Chartering and Field of Membership Manual*.
National Credit Union Administration (2012), *Annual Report 2011*.（農村金融研究所『全米クレジット・ユニオン管理庁 2011 年 年次報告』2011 年 3 月）
NCUA, *Board Approves Corporate Stabilization Efforts*, January 28, 2009.
NCUA, *Distressed Securities Held by Corporate Credit Unions Summary of NCUA Analysis*, April 10, 2009.
NCUA, *Letter to Credit Union*, January, 2009.
Robert J. Tokle, Thomas M. Fullerton Jr., Adam G. Walke, *Credit union loan rate determinants following the 2008 financial crisis*, The Social Science Journal 52,2015, pp.364-373.
Whitney, Edson Leone (1922), *Cooperative credit societies (credit unions) in America and in foreign countries*, Washington Government Printing Office.
古江晋也（2009），「米国クレジットユニオンと預金保険制度」『農林金融』農林中金総合研究所，第 62 巻第 9 号。
森静朗（1969）『アメリカの中小金融機関』文権堂銀行研究社。
森中由貴（2008a），「20 世紀初頭のアメリカにおけるクレジット・ユニオンの普及と社会的背景（上）」『経営研究』大阪市立大学経営学会，第 59 巻第 2 号。
―――（2008b），「20 世紀初頭のアメリカにおけるクレジット・ユニオンの普及と社

会的背景(下)」『経営研究』大阪市立大学経営学会,第 59 巻第 3 号。
─── (2010),「1970 年以降のアメリカにおけるクレジット・ユニオンの経営破綻と組織再編―コモン・ボンドの再定義による組合員範囲の拡大―」『経営研究』大阪市立大学経営学会,第 61 巻第 1 号。

第9章
世界金融資本主義とその行方

宅和 公志

はじめに

　現代経済を一言で表現すれば，「世界金融資本主義」という語が適切だろうし，多くの研究者の共通認識でもあると思われる。むろんそれ以外の表現も可能だろうが，本稿では「世界金融資本主義」という表現と概念に注目して考察し，その行方についても若干論及したい。このテーマを掲げた（掲げざるをえなかった）理由を記しておくと，一方で自らの研究プロセスがそれに沿ったものであったこと，他方で日本の政府関係者や国民一般の間では今日なおそうした認識が稀薄に思えたためである。すなわち，私たちが生きている社会は資本主義経済社会というよりも漠然とした世の中（世間）という認識，その中での貨幣は金融・貸借の手段としての機能をもつことよりもたんなる交換手段だという認識，そしてそれらの考察を世界全体（人類社会）ではなく国民国家の枠組で行うことが，一般化しているためである。その根底には，個を単位とする自己および自国中心の思考があると考えられる。

　それゆえ，ひとまず自己および自国中心の思考から脱却し，世界経済の現実を冷静に認識した上で，次の段階へと至る展望や構想をもつよう努めなくてはならない。なお本章は，自らの研究を振り返りながら記しているため，回顧的な記述が多くなったことを断わっておきたい。

1. 世界金融資本主義——研究の回顧

　今日の世界経済状況をどう表現すればいいのかという問いは片時も念頭か

ら離れず，折にふれて考えてきたのだが，今なお然るべき言葉や概念は浮かんでこない。たとえば近年の拙著でも，「世界金融資本主義」の語を掲げながら，それには「帝国主義」の語ほどのインパクトはないと記してきた[1]。そのように考えるに至った経緯を振り返ってみると，これまでに読んできた書物の影響が大きいため，まずはそこから始めたい。

　たとえば経済学の古典であるスミス『諸国民の富』やマルクス『資本論』などは，一読したところで十分に咀嚼しうるわけでもなく，何度も精読しないことには理解が及ばない。そして研究分野を金融論・国際金融論に定めると，まずは地金論争から入っていくのが常道だったから，リカードなどの著作も読まなければならなくなる。それを受けてさらに通貨論争へと研究を進めていけば，その背景にある18世紀末から19世紀半ばまでのイギリスの金融・経済情勢（たとえば金本位制の成立や周期的恐慌）にも目配りしなくてはならない。そして，近代中央銀行制度の先駆けとしてイングランド銀行を確立させたピール条例とそれに続く19世紀半ば以降の時代に注目すると，国際金融市場として機能し始めたロンドン市場の歴史的展開が気になる一方で，マルクス理論の詳細のみならず1870年代以後の限界効用学派の理論展開も気になり，歴史をやるか理論をやるかの選択（意思決定）にも悩まされる。私の場合，その悩みに翻弄されていた折も折，恩師からマーシャル『経済学原理』を読めと指導していただいた。何とかそれを読み終えた後，資本主義経済の時代であることを意識しながら，それまでの研究をまとめたのが拙著①『貨幣経済論の構造と展開』(1986年) である。

　今にして振り返ると，①とその礎になった古典的著作に共通する問題意識は，商品の価値論あるいは「価値尺度は何か」という価値尺度と交換手段としての貨幣に関わる問いにあった。こうした段階でマーシャルに触れると，次に浮上してくるのはケインズの著作である。『雇用・利子および貨幣の一般理論』（以下，『一般理論』）に先立つケインズの諸著作――とりわけ『貨幣論』――から教えられるのは，正確な貨幣価値（言い換えると厳密な意味での一般物価水準あるいは一般的購買力）など人間には把握不能だという率直な認識，そして貨幣価値を安定させようとすれば，一国の中央銀行のみならず超国家的な銀行（Supernational Bank）が必要だという冷静な世界認識で

第9章　世界金融資本主義とその行方

ある。両大戦間期の世界経済状況をふまえた彼の提言に首肯すれば，当時設立された BIS（Bank for international Settlements），後の ICU（International Clearing Union）案や IMF（International Monetary Fund）の機能・役割についての関心もわいてくる。そこまでの状況と理論的展開とを記したのが②『貨幣と交換』（1993 年）である。なお，その構想を練っていた 1987 − 88 年頃，全国地方銀行協会主催の「金融構造研究会」の場で，協会の方から国際銀行業に関わる自己資本比率規制のプラン（原案）に関わる資料を配布していただいた。それをきっかけにして BIS の役割や年報に注目し始め，その成果の一部を同書に含めることになった。

　しかし，こうした研究を行っただけでは，国際金融市場や国際銀行業の現実に対する知識が得られるわけではない。そのため，恩師の著作『世界金融』（天利長三）を念頭に置きながら，20 世紀後半の現実について知識を拡げようとして取り組んだ結果が③『国際金融から世界金融へ』（2001 年）である。そこへ至るプロセスで痛切に感じたのは，既存の「国民経済」や「国民国家」という枠組みの稀薄化ひいてはその溶解であった。つまり従来の研究では，一般的にその枠組み——例えば封鎖体系と開放体系そして国内金融市場と国際金融市場——を所与とする「国際経済」や「国際金融」の語が用いられてきたのだが，無国籍化した金融市場（ユーロカレンシー市場やオフショア市場）の機能とそこでの取引の拡大という現実を知っていくうちに，20 世紀後半の金融現象は「国際金融」ではなく「世界金融」として把握・表現すべきであることを痛感した。それゆえ同書には，「金融市場の無国籍化」というサブタイトルを付した次第である。しかしながら，金融市場についてあれこれ論じながら気が付いたのは，その市場の機能ないし本質をなすところの利子率についての理論的な認識が欠けていたことである。そうなると，改めてケインズ『一般理論』を丁寧に繙いていくほかはない。

　いうまでもなく彼の『貨幣論』でも利子率は登場するのだが，後に彼は，そこでは利潤率と利子率との区別が曖昧だったと反省している。また古典派の経済学でも利子率は登場するものの，それは生産物の価値・価格を構成する一部分として，あるいは（新古典派の場合）物的財貨の現在価値と将来価値（商品の現物価格と先物価格）との値開き率を意味する実物利子率として

205

捉えられていた。しかし，その値開き率とは貨幣の経常利子率が反映されたものにすぎないと捉えたマルクスは，彼らとは逆の視点に立っていたことがわかる。ともあれ，かつての利子論が物的財貨と貨幣の二つを見据えた理論であったのに対して，『一般理論』では物的財貨，貨幣，そして金融資産（ケインズの用語では，capital goods, money, debts）の三つを見据えた理論展開であった。言い換えると，（マルクスは別として）古典派・新古典派は物的財貨と貨幣との関係すなわち交換手段および価値尺度としての貨幣の機能だけを取り上げていたが，ケインズはそれを取引動機と予備的動機に基づく流動性選好として，そして新たに価値保蔵手段として機能する貨幣保有を，貨幣か金融資産かの選択関係としてすなわち投機の動機に基づく流動性選好と名付けて分析したのである。『一般理論』がケインズ革命と称される所以は，この新しい利子論＝流動性選好論に基づき，利潤率（つまり予想利潤率を意味する資本の限界効率）や消費性向の概念を用いて雇用・生産の拡大プランを追求したところにある。これらを細かく検討してみたのが④『ケインズ一般理論・論考』（2005年）である。

　こうした貨幣経済理論の展開と資本主義経済社会の歴史を振り返ると，『一般理論』に先立つ時代の理論的関心は主として国民経済を前提とする価値論・価格論にあったが，それ以後の関心は一国内の金融論・利子論そして世界経済におけるそれへと拡がっていったと要約できよう。このように捉えうるにせよ，価値論・価格論と金融論・利子論の両者をふまえた理論展開はどう行われてきたのか，さらには世界金融資本主義の現実をふまえたその理論展開はどう行いうるのかという関心が途切れることはない。そのため，資本制領域と非資本制領域（または外部的市場）あるいは中心と周辺などの概念を用いて行われてきた世界的な資本蓄積論を想起し，かつロビンソン『資本蓄積論』に着目して，それらを自らの研究（①〜④）と照合してみたのが⑤『資本蓄積論の再構築』（2012年）である。その過程で苦悶し，今なお脳裡を離れないのは，「読者は自分で自らの結論を導くべし」としたロビンソンの言であり，経済社会の将来を展望しえないことである。

　だからこそ本稿で，「世界金融資本主義とその行方」という大それたテーマを掲げたのだが，2以下で再考したいのは，(1) これまでの世界化

（Globalization）を推進してきた資本主義経済それ自体と，利潤動機に基づく商品・資本・労働（人間）の国境を越えた移動であり，(2) そのプロセスのさらなる展開（移動の自由化）がいかなる帰結をもたらすのかである。

2. 世界金融資本主義の現実

　上述のとおり，「世界金融資本主義」の語は現実の経済社会を適切に表現してはいるものの，かつての「帝国主義」の語ほど強いインパクトはないように思われる。そうであるにせよ，他に何の言葉も概念も浮かんでこないため，幾つかの著作をめくりながらあれこれ考えさせられたので，まずはそこから始めたい。

　近年のグローバリゼーションについては，「一方では冷戦の終結・ソ連邦の崩壊とそれに伴う市場経済化，さらには新興国の相次ぐ市場経済化，他方では新自由主義的市場経済重視の傾向が進む中で，市場経済が世界に拡大し，貿易が伸長したのみか，生産の国際化，資金・人・技術の国境を越えての移動が急増，各国がオープン・エコノミーとなるに至って，世界経済の統合化が進んだ」と捉えることができよう[2]。また，これと似た事態は第一次世界大戦前のいわゆる帝国主義の時代にも見られたが，「〔それが〕今日と全く異なるのは，当時の国際的資金移動が一方的・固定的なものであり，また生産投資と直接に結びついていた点である。これに対し，今日のそれは，短期的・浮動的・投機的な資金移動であって，その基礎には金融・債務の証券化がある。こうした点は決定的な違いということができる」[3]。ここまでは私見と変わりはないが，より深い洞察というか私たちにとっての難題は，次の箇所に認められよう。すなわち，こうした世界金融資本主義は，「確かに一方ではそのために働く忠実なるエリートを生み出したが，同時に他方ではそれに対する「獰猛なる敵」をも生み出していることを忘れるわけにはいかない。それは，この社会から排除されている人々，この社会で保証されざる人々，そしてこの社会を拒絶する人々，こうした少数者の一群が存在することを意味する」[4]。「獰猛なる敵」のみならずごく普通の人々による行動の事例として，2001年の9.11の事件や近年のイスラム圏の動き[5] そして各国

で次々に生じている暴動やテロ，そして難民問題などが想起されることはいうまでもない。「エリート」であれ「獰猛なる敵」であれ，いずれも世界金融資本主義の産物である。

　また世界金融資本主義の展開を，企業経営と財務論の視点から具体的に取り上げた研究に多々教えられたが，それというのも，多国籍企業による利潤追求の観点から，その親会社・子会社の関係，収益性（損益計算），租税回避などへの関心があったためである。一例を挙げれば，「現代のグローバリゼーションの下で展開されている金融資本主義社会の構造的問題は，資本の論理が労働の形態を駆逐する構造が生じていること」[6]にあるという指摘である。これが意味するのは，労働によって価値増殖が行われているにも拘わらず，株主重視の経営によって人間労働の価値が駆逐されているという現実＝矛盾の認識である。さらには多国籍企業における親会社と子会社（あるいは本社と現地法人）の関係の現実[7]を知っていくうちに，その現実と国家の枠組に拘束された政治家や国民一般の受けとめ方との間にはかなりの落差・ズレがあるとわかってくる。

　たとえば生産を国際化した多国籍企業のA社は，なぜ他の国々に子会社を作るのかだが，当然のことながら資本主義経済下では，個人であれ企業であれ，金儲けつまり利潤追求・収益拡大のためにそうした行動をしている。しかし一政治家あるいは一国民の立場からすれば，なぜA社は他国に子会社そして工場などを作るのか，本国でやってくれた方が本国の雇用もGDPも増えるのではないか，という疑問または不満が生じても不思議ではない。しかし当事者のA社からすれば，その方が国内生産よりもコストを削減しうるし，企業全体の利潤も大きくなり，株主への配当も増えるためである。冷静な経営者であれば，そのように判断し行動するだろう。

　要するに，世界金融資本主義が意味するところを考えるためには，近代国民国家という政治的枠組に拘束された自国中心の思考が，経済的には崩壊しつつあるという現実をまず念頭に置くべきである。近代国民国家の枠組はウェストファリア講和条約（1648年）によって確立したといわれるが，その帰結として国民，領土，国境の概念は確固たるものになった。しかし，その後の産業革命や資本主義経済の進展をふまえると，国民国家の枠組（国

境）を越えるモノ，カネ，ヒトの移動は，外国貿易，資本移動，労働力移動（移民）の問題として経済学に大きな課題を課してきた。なぜ貿易をするのか，なぜ資本を移動させるのか，なぜ人々は他国へ移住するのかという単純な問いに対しては，「利益になる（儲かる）からだ」という一言で片づけることもできる。実際，利益になるからこそ人々は，昔からモノを交換し，カネを運び，移動してきたし，そうした接触によって旧来の共同体が内側から溶解し始めることは，マルクスが説いてくれたとおりである。それに倣って資本主義経済下の共同体＝国民国家を想定すれば，国境を越えた貿易，資本移動，移民という現象，さらにはその自由化の進展がもたらす（意味する）ものとは，国民国家・国民経済という枠組の溶解すなわち資本主義経済の世界化であることは言を俟たない。古い共同体であれ新しい共同体であれ，それらを作り出し，かつそれらを溶解させてきた原因は，いずれも人間による利益追求の行為にあった。だとすれば，資本主義経済社会における利益追求が貿易，資本移動，移民を促してきたし，今日ではそのさらなる自由化が求められているのだから，まずは自由化の進んだ先進諸国から国民経済の枠組が溶解し始め，EUのような共同体が生まれたのも時代の流れと受けとめるべきだろう。

　貿易の自由化を掲げる様々な国際機関，多国籍企業活動の資金調達・運用に不可欠な国際金融市場（ユーロカレンシー市場）の機能，戦乱や困窮などから逃れて生きようとする難民・移民問題とそれに対応せざるを得ない国々の現状などに注目すれば，今日の世界では国家の枠組が溶解し，一体化の方向へ動いていることは明白だろう。ならばその動きを作り出したものは何かといえば，資本主義経済それ自体であり，その下で行われる限りない利潤追求が貿易や金融の世界化へと導くことになった。そうだとすれば「世界金融資本主義」という場合，資本主義的生産物（商品）の生産，流通，販売を促進するためにその世界化が，その促進のために金融の拡大・世界化が，そしてその状況に対応するために人間の移動が生じたという関係を認めることができよう。これを言い換えると，資本主義経済それ自体は生まれながらにして世界性を有し，その存続と拡大のために必然的に金融の拡大・世界化と人間の移動をもたらしたのである。要するに，資本主義経済が金融の拡大・世

界化と人間の移動を生んだのであって，後者が資本主義経済を作り出したわけではない。この因果関係は銘記しておく必要がある。

　以上をふまえると，世界金融資本主義はどこへ向かうのか，次の段階はどのような経済システムなのかについて何らかの示唆が得られるかもしれない。資本家と労働者の二つの階級から成る資本主義経済社会では，後者が普通選挙権を得たならば労働者階級による政党政治が確立され，人間労働の価値が搾取されるという矛盾も解消され，やがては万国の労働者が団結して新しい社会を作り出すものと期待されたのだが，その夢は今なお実現していない。だとすれば，その期待・展望それ自体が誤りだったのか，大多数を占める労働者階級の自覚が足りなかったのか，あるいは他に理由があったのだろうか。

　国境を越えて世界的に活動する多国籍企業，国際銀行業，そしてその所有者や経営者にとっては所在地や国籍よりも利益拡大が，労働者にとっては所得向上が重要であり，そうした意識と行動こそが国民国家・国民経済の枠組を溶解させてきた要因である。世界企業とでもいうべき法人（さらには超国家的な世界市民とでもいうべき人間）の，こうした意識と行動が将来的に逆転したり消滅したりすることはありえないし，世界金融資本主義による世界の一体化はさらに進展していくだろう。ならばその先には何が見えてくるのか。国境を越える商品取引（貿易）にはWTOなど，国境を越える金融取引（資本移動）にはIMFやBISなどの調整機関があるのだから，国境を越える移民や難民など人間の移動にもそれを調整しうる何らかの国際機関[8]が──今のところ何も見えないが──求められるようになろう。これについては国際連合（United Nations）に期待されるかもしれないが，ここでいう国際機関とは，国家の集合体として存在する国際連合とは別次元の，いわばそれを超えた世界政府機関を意味する。

　世界政府機関とは，たとえば上記の難民などを世界市民として認定しうる組織でなくてはならず，既存の国家や国際機関とは別物である。ならばその具体的な像を示せといわれるだろう。貿易面でのFree Trade Zoneや金融面でのOffshore Market and Tax havenをヒントにしながら現段階でその像を描いてみると，その機関は無国籍の空間たとえば南極を所在地──ただし

paper center——とし，実際の業務は国連等において行うというものである。その機関によって「世界市民」として登録された難民や無国籍者は，どの国でも居住可能という内容である。まさに夢のようではあるが，今日の国民国家・国民経済を作り出した資本主義経済は，すでに国家規制に制約されない Free Trade Zone, Offshore Market, Tax haven など「庶出の子（misbegotten progeny）」を産んだのだから，次の段階で想像しうるのは，人間の自由な移動ひいては既存の国籍からの離脱と世界市民権の確立であり，それが意味するのは既存の個別国家による諸規制から自由な，つまり国家規制の及ばない社会空間の出現である。そこまでは資本主義経済が作り出すものとして想像しうるが，問題はその段階を経て生じるはずの経済システムとは何かである。それはかつての社会主義や共産主義として構想された経済システムなのか否か，また名称はどうであれ私有財産制を止揚したシステムか否かである。ここまでくると，改めて商品，資本，人間の移動が示唆するところ——それは価格，利子率，賃金の平準化などの単純な話ではない——を詳細に吟味しなくてはならないが，前二者については従来の研究でもって補えるはずから，以下の 3 では人間の移動について考えたい。

3. 人間の移動の歴史・事例

人間の移動は古くからあるし，その一部は拙著（宅和 2012）でも取り上げたため，ここではごく最近手にした書物と見聞に基づいて 19 世紀以降の状況を想起し，将来への示唆を得たい。たとえば自由を求めてロシアから欧州へ逃れたゲルツェン（1812-1870）は，意外にも当時のヨーロッパがペテルブルグと似たものになっていることに驚き，「もしここでもわれわれの口をとざさせ，誰にでも聞こえるようにわれわれの抑圧者たちを呪うことさえ許されないところにまで到るならば，私はアメリカに去るであろう。私は，すべてを人間的価値と言論の自由のために犠牲にする人間である」と記していた[9]。他の箇所にも似たような述懐がある。「権力の前に屈服するのを拒否する自由人はやがて，アメリカに出帆する甲板のうえのほかには，ヨーロッパ中で他の隠れ家をみいださなくなるであろう」[10]。帝政ロシアから，

自由な（はずの）ヨーロッパへ逃れた彼が，このように考えるに至った背景として，19世紀半ばのヨーロッパ資本主義社会の現実——財産を求めて動くだけのブルジョワジーとナポレオン3世の即位（王政復古）——に対する失望と，アメリカへ移住すれば人間の価値と自由が保証されるだろうという期待とがあった[11]。

　デカブリストの影響を受けたゲルツェンは，シベリアでの流刑生活を終えた後，自らの意志でもってロシアを逃れヨーロッパへ移住した。1でふれた地金論争時のヨーロッパはナポレオン戦争期でもあり，フランス軍によるロシア遠征と敗退，そのフランス軍を追ってヨーロッパ遠征・滞在（ヨーロッパ的自由の経験）をして帰国したロシア将兵による帝政に対する反撥，そしてデカブリストの乱などから，19世紀前半のヨーロッパひいてはロシアの情勢を思い描くことができる。こうした情勢にふれたのは，地金論争や通貨論争そして当時の周期的恐慌に注目する場合，どうしてもイギリスの経済・金融状況（せいぜい英と独・仏・米などとの関係）だけに目を向けがちであり，当時の東ヨーロッパやアジアそして世界との関係が抜け落ちてしまうためである。西ヨーロッパやアメリカでは，ゲルツェンのように自由な移住ができたかもしれないが，その他の地域ではそれどころではなかった。

　東アジアと日本に注目すれば，デカブリストの乱と彼らのシベリア流刑の頃から，ロシア人の東方移住・進出が活発になり，その影響は樺太（サハリン）や千島列島を経て徐々に日本へも及んでいった。欧米諸国による日本への影響については，日本列島の西南部（長崎など）を通じた進出と幕府や薩摩・長州への支援が取り上げられるのが一般的だが，それとは別に北からのロシアの進出——その一端はゴロヴニン『日本幽囚記』やチェホフ『サハリン島』などから窺うことができる——を見逃すわけにはいかない。確かに，日本の開国には英・米・仏などとの関わりが大きかったが，19世紀後半以後それに追随して帝国主義化した日本の反応を顧みると，まずは朝鮮半島，満州，沿海州，樺太などへの進出（モノ，カネ，ヒトの移動）が始まるため，その地域でのロシアとの接触が注目に値する。というのも，近年の日本ではこの地域への関心が薄いため，その地域での歴史的経緯も忘れてしまいがちなためである。たとえば第一次世界大戦後のロシア革命時に，日本軍の

シベリア出兵・進出がイルクーツクにまで及んだことなど論じられることも少なく，改めて想起する必要があると思う。というのも，こうした状況で，日本人そしてシベリア，朝鮮半島，中国などの住民が強制的な移住を迫られたことは，帝国主義下のモノ，カネ，ヒトの移動という現象の一端として把握しなければならないからである。

　こうした東アジアの状況・歴史にふれたのは，それと同時期に前述の地金論争，通貨論争，近代的中央銀行制度の確立，国際金融市場としてのロンドン市場，国際金本位制などが生じていたことにある。より身近な事例として日本の金本位制を挙げれば，その成立には日清戦争によって清国から得た賠償金が与かっていた。なおその後の日露戦争や，第一次と第二次世界大戦の間いわゆる戦間期については，私たちの世代の場合，その時代を経験された先輩諸氏からあれこれ教わってきたし，戦後から今日に至るまでの世界情勢は私たちの世代が経験して（③④などに記して）きたことでもあるゆえ，ここで言及する必要はないだろう。

　なお，拙著⑤の段階では知識もないため取り上げなかったが，その後知りえたのは，日本の近隣で行われた人間（労働力）の移動──自由な移住ではなく強制移住──であり，とりわけ朝鮮半島住民の樺太への強制移住，そして捕虜日本兵のシベリアへの強制移住が脳裡から離れない。各々について若干の所感を記しておく。

　サハリン・ユジノサハリンスクの街中では，かなりの数の朝鮮系ロシア人の人々を見ることができる。戦前，日本政府によって朝鮮半島から樺太へ強制連行された人々の子孫がその多くを占めているらしい。しかし，彼らは「強制連行」されたのではなく「徴用」「召集」による移住だったという見解もある。とはいえ，当時の日本国民（領土内の住民）が政府による徴用・召集を拒否すればどうなったかを想起すべきであって，強制連行か徴用・召集かという言葉の問題にすり替えるべきではない。たとえば，政府の召集令状（赤紙）による徴兵を拒否すれば，逃亡するか監獄に入る他はなかった。こうして朝鮮半島から連行された人々は，徴兵制による日本人労働者の不足を補ったのであり，当時の経済情勢と絡み合っている。

　原野，沼地，森林が続く広大なシベリアの風景を眺めてみると，帝政ロシ

ア下のシベリア流刑そしてスターリン時代の日本兵やドイツ兵などの強制連行と抑留がなぜ行われたのか，（そこで生じた惨劇は別にして）その理由の一部が想像できるような気がする。寒冷なシベリアの大地に古くから住んだ人々はごく僅かだったが，ロシアの領土になって以後その地で毛皮，農産物，地下資源などを増産するためには，どうしても人手が必要だったはずである。隣接する中国，朝鮮半島，日本などとは違い，放っておいても人口が増え開発も行われるというほど，シベリアの自然環境は穏やかなものではなかった。しかし，帝政ロシアと中国，極東，北米などとの接触・交易が始まり，その規模も拡大するにつれて人材も必要になり，多くの流刑囚がシベリアへ送られていった。後に石炭や石油などが発見されると，その採掘・採取のために，流刑囚のみならずウクライナ人やユダヤ人なども移住させられていった。そうなると，食糧確保のための農作地，さらには各種の工場や交通機関も必要になり，ますます多くの人手が必要になる。彼の地の広大な原野（というよりも湿地帯）と森林を見ていると，そこに延々と道路や鉄道を引いていくのがいかに難行であったかがわかるし，自ら望んでその地へ移住することなど想像もできない。今日でもなお，（都市部は別にして）広大な原野に居住することなど不可能である。だからこそ終戦後，ソ連政府は労働力を確保するために日本やドイツの捕虜軍人を強制的に連行・抑留したのだろうが，その背景には戦争で疲弊したソ連経済の復興と発展のためのシベリア開発という，スターリンとその助言者たちの目論みがあったと思われる。同じことは，反スターリン勢力とみなされてラーゲリへ移された人々への対応についても当てはまる。

　こうした強制移住の歴史とは別に論じるべきだろうが，昨今の移住についても言及しておきたい。1で述べた20世紀後半以後の金融の世界化の中で，国境を越える人間の移動はますます増加しており，昨今のアラブ諸国やEUの状況をみると，もはや既存の政治組織としての国民国家では対応・解決しえないほどの規模に達していることは周知のとおりである。むろん，強制移動であれ自由移動であれ，その理由は「カネのため」という経済的要因に集約できる。あるいは，かつては「開発のため」の強制移動だったが，今日では「生活（所得向上）のため」の自由な移動だと穏やかに表現することもで

きよう。ともあれ，こうした人間の移動という現実から，国民国家の枠組の溶解を読み取ることは容易である。

世界金融資本主義へと至った歴史を，国境を越えた商品，資本（資金），人間の移動の進展に注目して捉えてきたが，それらの移動（とりわけ人間の移動）に基づくところの異質な社会や文化の接触によって，国家の枠組と既存の支配体制に囲まれていた経済社会は，新しい経済社会へと変質していくものと予想しうる。この予想は，国家（国民）と国家（国民）との接触というにとどまらず，先述した資本制領域と非資本制領域や中心と周辺の接触，さらにはアジール（Asyl）との関係として考察されてきた内容——経済と文化の変質——をふまえたものだが，一体化しつつある今日の世界についても当てはまるだろう。

4. 世界金融資本主義と国民国家の行方

(1) 理論的記述

1に記した理論的な展開をごく大雑把に捉えると，地金主義と反地金主義，通貨主義と銀行主義，20世紀以降は貨幣数量説とケインズ学派，に分割することができよう。こうした分割をしたのは，(A) 地金主義・通貨主義・貨幣数量説の側では，貨幣量が価格を決めるという思考（M → P）であるのに対して，(B) 反地金主義・銀行主義・ケインズ学派——ケインズ学派の場合やや複雑だが——の側では，価格が貨幣量を決めるという思考（P → M）に立っているためである。つまり両者は，M ⇄ P と因果関係を全く逆の視点から捉えている。本稿は基本的に (B) の思考に立っているが，貨幣制度の歴史的展開を意識すれば，(A) の思考をすべて否定するわけではない。たとえば，18世紀後半から19世紀半ばまでのイギリス経済と金融制度——金本位制や金兌換——を想起すれば，貨幣量は金準備の増減（貿易収支）という対外関係に支配されたのだから，金の流出入の変化に応じて貨幣量が変化し，その影響は価格へ及ぶという思考も理解しうる。しかしその思考から抜け落ちているのは，国内経済の諸事情とりわけ商品の生産・流通・販売（消費）と貨幣との関係である。

改めて反地金主義と銀行主義の思考を想起すれば,国内の貨幣量（兌換銀行券の量）は生産者や商人が振り出した手形そしてそれを割引く銀行の行為によって生み出されるものであって,銀行業者が自由奔放に増減しうるものではなかった。より詳しくいえば,商品価格は生産された商品の売り手と買い手の交渉によって決まるのだから,その価格・金額に応じて手形の額面（たとえば100ポンド）が決まり,その手形が銀行に持ち込まれて,（割引率は別として）100ポンドの銀行券が発行（もしくは預金が形成）される。この関係を表したのが P → M である。

しかし金本位の兌換制が終わって,国債等の売買も自由になったのだから中央銀行は自由に貨幣量（銀行券の量）を増減できるし,それによって商品価格も変動するというのが貨幣数量説の思考であろう。この思考の前提——たとえば,増加した貨幣はすべて商品需要（消費）に回るという妄想——に欠けているのは,遊休貨幣ひいては貯蓄への目配りである。供給された貨幣がすべて商品需要へ回るという想定は,供給が需要を作り出すというセイ法則を継承した思考に等しく,「現代版セイ法則」というに相応しい。それとは逆に消費（有効需要）が生産（供給）を規定すると捉えたのがケインズであり,だからこそ彼は遊休貨幣の存在・増加が利子率の低下をもたらすと考えたのである[12]。以上,総じていえば,また誤解を招かないものと想定していえば,供給（生産）は貨幣を作り出すがそれ自体が需要を作るわけではなく,需要（消費）がなければ供給は増えず,貨幣を増やしても価格は上昇しない（利子率が下がるのみ）。

若干の付言をすれば,上記の遊休貨幣・貯蓄は,国内的にも世界的にも拡大する一方であり,それに応じてその運用と借入も拡大し続けているのが現実である。社会的に見ると,資産（貯蓄）のストックと負債（借入）のストックが10であった時代とそれが100になった時代とでは,金融が生産活動に及ぼす影響は大きく異なるはずである。個人の貯蓄のみならず企業や各種法人などの積立金（ケインズ流にいえば,使用者費用つまり減価償却費の積立）の拡大は,その運用と借入を仲介する金融機関の業務の規模と利益を拡大し,それを借入れる側の負債を大きくするかもしれない。しかし借入がなされなかったとすれば,その資金は（既発行の）債券や株式の購入へと

回って利子率を低下させるだろうが，直ちに雇用と生産の拡大へと至るわけではない。こうした複雑さが絡んでいるため，各種金融資産のリスクの大きさも変化（多様化）するだろう。周期的な金融危機が避けられない所以もそこにある。念のために確認しておくと，こうした現象は今日では世界的なものであって，一国だけの問題ではない。

(2) 行方についての雑感

氏族社会から脱却した文明社会——その現段階が資本主義経済社会である——を推進してきたのは，「一にも富，二にも富，三にも富，社会の富ではなく，この一人一人のみじめな個人の富」であり，それが「文明の唯一の目的」であったと看破したエンゲルスを想起すれば[13]，世界金融資本主義たる今日もまた個人の富を目的とする社会であることに変わりはない。ならば，個人ではなく社会の富を目的とする社会はどう実現しうるのか。彼やマルクスが示唆したように，私有財産制から共有財産制に移行すればいいのだろうが，その実現のための方法と経路はいかなるものか。そもそも，個々人の富保有欲，貨幣愛，そして効用の極大化などに基づく行動を，私たちは捨てることができるのだろうか。ここまでくると，「衣食住の三は三悪道なり」という一遍上人に倣って，すべての者が「一切を捨離」すべきだが，私たちには，それができるのか。実際，国家の支配者たち自身はそれを捨てることなく，国民にそれを捨てさせようとしたのがかつての独裁政治だったが，それでは無意味などころか，多くの国民が犠牲になったにすぎない。

そうなると再び，階級対立を抑制する支配組織が「国家」だと把握したエンゲルスを思い出す。国家とは経済関係から生み出された政治組織だったから，現代における経済関係の世界的展開は近代国民国家の枠組・組織を無意味なものにしつつあり，その展開を見ながらも，国家の枠組の溶解を認めようとしない（認めたくない）のが政治家の立場である。先述のとおり，多国籍企業が世界的に展開していけばいくほど，（たとえば税収は停滞して）国家による政治的な支配力も衰えていく。この展開に翻弄される国家であればあるほど，その衰えを隠蔽し回復しようとして，政治体制は内向的かつ排外的なナショナリズムへと埋没し始める。しかし，だからといって世界金融資

本主義が後戻りすることありえない。

こうした過去や現在についてはあれこれ記しうるものの、将来については何も言えない。これは将来の不確実性などのためではなく、私自身におけるヴィジョンの欠如であって、若い人たちの構想に委ねる他はない。

結びにかえて

以上を記しつつ改めて反省させられたことがある。拙著①～⑤の概略を顧みると、それは経済学における古典的著作と19-20世紀の歴史を眺めながら、それについての所感を記したものにすぎない。逆にいえば、自らの研究目的は何だったのか、いかなる問題意識に基づいていたのか、具体的なテーマは何だったのかと問われると返答に窮する。何の目的もなしに、尤もらしい説教を垂れながら放浪する遊行者のごとくであった。

こうした感を抱いたのは、私たちはいかなる時代に生きているのかを問い、それを資本主義経済の段階と捉えてその構造と矛盾を明らかにしたマルクス、そしてどうすれば雇用と生産を拡大しうるかと問い、そのために利子と貨幣をどう位置づけるかを追求したケインズなどを想起し、何の問題意識もなく書物をめくっただけで、然るべき研究目的もなかった自分に気付いたためである。むろん凡人がこうした偉人たちの所業をあげて反省したところで、どうにもならないことは判っている。また資本主義経済下で個々人はどう行動しているのか（すべきか）と問うて研究したミルのような天才たちもいたのだが、凡人にはその主旨を理解することもできなかった。人生の晩年に至って世界金融資本主義が何を意味するのか、どこへ向かうのかと問うたところで、所詮それも、「机上学問の俗物」による戯言にとどまるだろう。

こうした反省に立ちながら「結び」を記せば、偉人や天才たちがあれこれ教えてくれたにも拘わらず、その後の世界は彼らが示唆した方向へ進んでいないため、大多数を占める凡人は改めて彼らの教えに学び、新しい世界観を創出すべき段階へ至ったと思われる。言い換えると、世界金融資本主義に振り回されて終わるのではなく、逆に凡人が団結してその経済システムから脱却すべき時代を迎えたのである。むろん、「言うは易く、行うは難し」と分

かってはいるが，座して死を待つわけにはいくまい。

注）
1) 宅和（2012），391 頁。
2) 鈴木（2008），38 頁。
3) 鈴木（2008），39 頁。
4) 鈴木（2008），53 頁。
5) 宅和（2015），28 頁。
6) 小林（2016），129 頁。
7) 小林（2016），第 3，4 章が参考になる。
8) 2016 年のリオデジャネイロ・オリンピックでは，出身国から逃れ出た選手たちが「難民選手団」として出場していたが，これは将来の国際機関を暗示しているかもしれない。
9) ゲルツェン（1986），48 頁。
10) ゲルツェン（1986），64 頁。
11) 詳細は，ゲルツェン（1986），76 - 82 頁に記されている。なおその中で用いられている「rentier（金利生活者）」の語には驚いたが，ロシアの貴族階級に属していた彼からすれば，移住先の欧州では彼自身が「金利生活者」だったがゆえに普通に用いられたフランス語だったかもしれない。
12) こうした関係の詳細――とりわけ利子率の低下から雇用と生産の拡大へと至るまでの複雑な経路――は宅和（2013）に記したので，ここでは省略する。
13) その考察の一部は，宅和（2015），26-27 頁。

参考文献
鈴木芳徳（2008），『グローバル金融資本主義』白桃書房。
小林康宏（2016），『国際経営財務の研究―多国籍企業の財務戦略―』税務経理協会。
宅和公志（2012），『資本蓄積論の再構築』日本評論社。
―――（2013），「管理通貨制の理念と展望」，『商学集志』第 83 巻第 3 号。
―――（2015），「世界資本主義と管理通貨制の役割」，『商学集志』第 85 巻第 1・2 号合併号。
ア・イ・ゲルツェン（1986），森宏一訳『ゲルツェン著作選集Ⅲ』同時代社。

■ 執筆者一覧 （執筆順，＊印は編者）

＊山倉　和紀	日本大学商学部教授	
久保田博道	宮崎産業経営大学経営学部教授	
S. J. バイスウェイ	日本大学商学部教授	
＊佐藤　猛	日本大学商学部教授	
岡田　太	日本大学商学部准教授	
長谷川　勉	日本大学商学部教授	
王　鵬	湖北大学商学院専任講師	
谷川　孝美	日本大学商学部講師	
宅和　公志	日本大学商学部教授	

▨ **金融と経済**
　―理論・思想・現代的課題―

▨ 発行日 ── 2017年3月31日　初版発行　　　〈検印省略〉
▨ 編著者 ── 佐藤　猛・山倉和紀
▨ 発行者 ── 大矢栄一郎
▨ 発行所 ── 株式会社　白桃書房
　　　　　　〒101-0021　東京都千代田区外神田5-1-15
　　　　　　☎03-3836-4781　📠03-3836-9370　振替00100-4-20192
　　　　　　http://www.hakutou.co.jp/

▨ 印刷・製本 ── 藤原印刷

Ⓒ T. Sato, K. Yamakura　2017　Printed in Japan
ISBN978-4-561-96136-9 C3033

本書のコピー，スキャン，デジタル化等の無断複製は著作権法上での例外を除き禁じられています。本書を代行業者等の第三者に依頼してスキャンやデジタル化することは，たとえ個人や家庭内の利用であっても著作権法上認められておりません。

JCOPY　〈(社)出版者著作権管理機構　委託出版物〉
本書の無断複写は著作権法上での例外を除き禁じられています。
複写される場合は，そのつど事前に，(社)出版者著作権管理機構
(電話 03-3513-6969，FAX 03-3513-6979，e-mail: info@jcopy.or.jp）の許諾
を得てください。
落丁本・乱丁本はおとりかえいたします。